正路 ②

我一生的追求和实践

苏敬轼 著

中国出版集团 东方出版中心

图书在版编目（CIP）数据

正路.2,我一生的追求和实践/苏敬轼著.
上海：东方出版中心,2025.4.-- ISBN 978-7-5473
-2707-4

I. F726.93；K825.38

中国国家版本馆CIP数据核字第2025GZ3205号

正路2：我一生的追求和实践

著　　者	苏敬轼
丛书策划	刘佩英
特约策划	徐　慧
责任编辑	徐建梅　周心怡
特约编辑	徐　慧
封面设计	瑶一瑶

出 版 人	陈义望
出版发行	东方出版中心
地　　址	上海市仙霞路345号
邮政编码	200336
电　　话	021-62417400
印 刷 者	上海盛通时代印刷有限公司
开　　本	890mm×1240mm　1/32
印　　张	11.5
字　　数	195千字
版　　次	2025年4月第1版
印　　次	2025年4月第1次印刷
定　　价	88.00元

版权所有　侵权必究

如图书有印装质量问题，请寄回本社出版部调换或拨打021-62597596联系。

全家福

在美国宾夕法尼亚大学校园留念

1997年10月,百胜中国总部正式成立

餐厅经理年会现场

苏敬轼在餐厅经理年会会场门口迎接准备入场的餐厅经理们

巡店

百胜中国员工给苏敬轼颁发了"金舵手奖" 　　苏敬轼在他的办公室

2010年6月，苏敬轼将肯德基品牌口号改为"生活如此多娇"

自 序

我出生于 1952 年，属龙，今年本命年，72 岁。年初的时候我因为服药不慎，触发了急性肝炎。虽然我福大命大及时被救了回来，但也是鬼门关前走了一回。大病期间，我少不了回顾自己的一生，往事种种，历历在目。

我这一辈子赶上了人类世界近代史上最大的变革，从有意识开始，世界就以不可思议的速度在改变。我们的父辈经历了各种战乱，日子过得很辛苦，而我们从未经历过战火，都是在和平的日子里度过，并遇到了各种新生事物。我赶上了台湾地区的经济飞跃式发展，有机会去美国读书，在发达国家开阔了视野，又因缘际会地加入了全球最大的跨国快消公司之一，先后在欧洲、日本市场工作，最后回到中国，长住香港，并负责亚太地区的业务。当时正赶上小平南方谈话后的改革开放浪潮，于是我 2002 年年初干脆搬到了上海，全心投入中国市场的工作，目睹了人类百年一遇的大变局——从中国的崛起，到美国霸权主义对中国蓄意遏制的路人之心；由美国触发的世界乱象，加上科技的大爆发，让处在世界发展前沿的中国在短短的30年内，由一个落后的经济体迅速发展为能向美国说不，并且逐步成为全球领先、拥有优质文明的泱泱大国。

我有幸在这个历史大潮中掌握了天时、地利、人和，抓紧了我命中冥冥天定的"唐僧"——肯德基、必胜客，组建了一支能打硬仗、打胜仗的百胜中国团队，硬是在四家店的微薄基础上打造了一艘如今独立上市、傲视群雄的中国餐饮航母。

2015年，我63岁，决定退休，给26年百胜中国掌舵生涯画上句号，开始人生后半段的探索。我尝试了不同角色，如董事、导师、教练、投资人和电影编剧、制片人等。

我退休后就没有再过问百胜中国的管理，但百胜的发展依然迅猛，这足以证明我带头打造的一套战法经得起主帅变更的考验。2020年开始，因为新冠疫情，我无法四处旅游而有了大把时间，是时候回应知我者的呼声，总结自己带领团队的心得，并分享给所有有志于成大功、立大业的同好。于是我开始动笔，并于2022年春出版了《正路：我在百胜餐饮26年的感悟》一书。

该书出版接近三年，有幸得到不少人的青睐，我也应邀参加了许多机构、公司的活动，因而有机会与读者面对面地互动。

该书不同于其他经管书，字数不多，内容却包罗万象。书里以简洁的文字和浓缩的案例，把成功的精髓——"高效快速地做好每一个决策"，按照"修身、齐家、治国、平天下"的道理，由里而外、由小而大地阐述如何在每一个管理经营决策中体现出来。我没有花太多时间讲些见仁见智的"术"，而是力求把真正的"道"讲得清楚，讲得易懂。

"正路"在我心中，就如同中国人练武的至高武功秘籍，但不同于武当少林的刀剑或拳脚功夫，它需要习武之人用心参悟，方能纳为己用。

该书出版之后，反响虽好，但很多人都希望我能够更深入地展开，尤其是对每一个重要的思考和学习要点。他们特别希望我能对那些与一般人的惯性思维不同、容易误入歧途的机会点，进行更多更直白的阐述。

我对这样的呼声是有所迟疑的，因为我的个性不喜欢拉拉扯扯，就像"白头宫女话当年"，或是"王大娘的裹脚布又臭又长"一样。而且每个读者的水平和喜好不一，我担心很难做到有效的沟通。

但这两年来，我确实看到"正路"这套思考体系对很多人有所助益，而我的团队成员通过自己对"正路"的亲身体验与见解，在不同细分的专业领域分享她们的宝贵 Know-how（窍门或门道），如徐慧（Eileen Xu）的《人心为上做公关》、罗淑莹(Christabel Lo)的《返璞归真领导力：40年实战淬炼》等，我深以为傲。

也是受到了她们的启发，我也觉得应该趁自己尚能饭的时候，鼓足余勇，把自己这一生追求"正路"的经历记录下来。一是给自己和家人留下记录，二是与有缘者分享，帮助更多人更有效地学习"正路"。

因为是以回忆录的形式创作，与《正路：我在百胜餐饮26年的感悟》相比，本书难免字数较多、章节较长。但我还是会尽力浓缩，尽量不浪费读者的时间。本书以故事的方式呈现，讲述在实际决策中的权衡比较、辩证思考的过程，这样读者也许能更容易地理解如何将"正路"这一理念从抽象的"道"变成实际可用的"术"，并更好地借鉴和运用到实际工作中。

苏敬轼
百胜餐饮集团全球董事会前副主席
百胜中国前主席兼CEO
2024年9月，于上海

目录

自序 　　　　　　　　　　　　　　001

01 基本功的学习
没什么记忆的童年　　　　　　　　002
"老学究"的小学　　　　　　　　　003
痛苦的初中　　　　　　　　　　　005
快速成长的高中　　　　　　　　　007
不再跟风的大学　　　　　　　　　009

02 初生之犊的横冲直撞
初入社会的预备军官　　　　　　　014
初出茅庐，留学美国　　　　　　　017
毅然回台的热血青年　　　　　　　022
壮士断腕，二赴美国　　　　　　　027
多彩多姿的沃顿经历　　　　　　　031
重启职业生涯的大龄新手　　　　　034

	德国宝洁的惊险斗法	037
	在中国台湾宝洁初试身手	041

03 终于找到自己的"唐僧"

为什么要去肯德基	044
与日本失之交臂	048
想到就胃痉挛的中国市场	050
快乐的亚太区市场总监	056

04 小平南方谈话，一切都变了

从一年一家店到遍地开花	062
机会来了，责任也来了	064
全力找人的那几年	066
用人唯才，不能死守跨国公司那一套	071
感谢麦当劳的故步自封	075

05 从 BMU 的自求多福到 BU 的全国一盘棋

养兔子战术，多市场同时发展	080
见招拆招，逐步建立中国总部	082
职能转换，收权赋能	084
合资公司转换成直营市场	086

	健全总部功能，迈向"世界第一"	089

06 餐饮的基础在营运

餐厅经理第一	094
餐厅优化	099
雇主品牌	101
加盟和彩虹计划	104

07 肯德基的品牌建设

六个大人宠一个小孩	110
小孩终究会长大	112
新产品的重要性	115
全力打造"新快餐"	118
立足中国，融入生活	123

08 必胜客的品牌建设

接手必胜客，何去何从	130
休闲餐饮才是正确赛道	133
乘胜追击，打造休闲餐饮第一品牌	136
中国人的第一次刀叉体验	139
菜单多元化，每一分类都是第一	142
每六个月换菜单，天天半价，天下无敌	145
必胜宅急送有些可惜	148

09 开店是门大学问

超越麦当劳哪有那么容易 　　　　　　　　154
克服人性困难，迈出第一步 　　　　　　　158
每年提速到 600 家店，全面压制麦当劳 　　163

10 大军未动，粮草先行

成立百胜物流 　　　　　　　　　　　　　172
从采购到供应链管理 　　　　　　　　　　175
错误的采购迷思必须打破 　　　　　　　　179
彻底改变观念，重建正确的采购理念 　　　181
我们不是政府机构，要有灵活的经商思维 　185
还要考虑多重因素，才能面面俱到 　　　　188

11 新品委员会

新品对品牌的重要性 　　　　　　　　　　192
怎么开新品委员会 　　　　　　　　　　　195

12 好玩的市场行销

品牌落地在营运 　　　　　　　　　　　　200
如何做促销和广告 　　　　　　　　　　　202
数字化时代的行销与广告 　　　　　　　　206

运动行销很重要　　　　　　　　　　　　210

13 人心为上做公关

当年的跨国公司不懂做公关　　　　　　　218
什么是关系　　　　　　　　　　　　　　221
形象管理的重要性　　　　　　　　　　　224
危机管理　　　　　　　　　　　　　　　227
勇担社会公益责任　　　　　　　　　　　234
百胜公关的"百字箴言"　　　　　　　　239

14 最费神的食品安全

什么是食品安全　　　　　　　　　　　　242
预防才是解决问题的根本方法　　　　　　246

15 财务不是守门神更不是猫捉老鼠

很多人不了解财务部门的目的　　　　　　252
财务还有很多有用的功能　　　　　　　　255

16 人人都能做贡献，团队都能打硬仗

每个管理者都应该是 HR，也都该懂得做决策　260
如何认识培养人才　　　　　　　　　　　264

重要的资产保护部 269

17 最难啃的硬骨头：数字化

数字化的浪潮到来，无所遁形 274
数字化的运用 277

18 百胜中国对百胜全球的影响

百胜中国早已超出百胜全球几条街 282
ABR 可惜了 286

19 我和美国总部的博弈

我和大卫·诺瓦克的 18 年 292
一群"自以为聪明的人"做的不聪明决策 296
错过的星巴克 301
我为什么不去美国 304

20 我终于认识了我自己

充满好奇 308
充满勇气 310
充满想象力 312
整合成功 315

21 我还能做些什么

永远保持年轻的心态	320
健康活到最后一天	321
把"正路学"传承下去	324
见到百胜的蓬勃发展	326
尝试编剧和电影制作	328
目睹中华文明璀璨发光,世界大同	330

结束语 332

01

基本功的学习

没什么记忆的童年

我是 1952 年在台北出生的。

我的父亲是山西临汾人，1949 年迁居台湾，他是在阎锡山主政行政院的时候去的南京，在乡长的照顾下，进国民政府做负责主计的公务员。我的母亲是广东人，他们俩是怎么认识和怎么结婚的，我好像从没问过，反正就是一起来了台湾。我母亲在台湾交通主管部门工作，居然分配到日本人留下的一栋西式别墅式建筑（在台北市中心的中山区锦州街 23 巷 6 号），一个有围墙的小院里两栋双层楼中的第一栋上层。我的童年就是在这里度过的。如今循迹探访，发现旧居已被翻新成一幢普通的居民楼了。

我们家是公教人员，不是军人，所以我的生活中没有"宝岛一村"那样的经历。父母的朋友中也是以公教人员为主，所以从不特别"外省化"，反而因为邻居都是本省人，玩伴、同学全是一条巷子里的同龄孩子，我对本省的游戏、风气还都有所经历。

我有一个大我 14 个月的哥哥，我童年的记忆里好像全都有他的身影。他是我父母的最爱，聪明又活泼可爱，是我们那个巷子里的孩子王，大家都跟着他玩游戏，我就是他的小跟班。我的母亲很早就去世了，所以我几乎没有关于她的任何记忆，甚至就连其他的记忆也少之可怜，好像只有被父亲带着去"西瓜大王"（售卖现切水果的堂食店）之类的一些模糊印象，甚至不敢确定那是我大概几岁时的情况。

长大以后，和朋友们聊天，我才知道很多人还记得自己三四岁上幼儿园的情况，或是和家人一起的快乐时光，而我的记忆却是一片空白。或许在那段时间，我就是家中的一个小龙套，但我没有任何不愉快的记忆，心理上也没什么阴影，也算是拥有了一个健康的童年吧。

"老学究"的小学

我能记忆起的时间，是从上小学开始。当年台湾有能力的家长会把小孩送到私立小学。我和哥哥虽然念了私立的静心幼稚园

（还算是一家比较贵族化的学校），但到底父亲是一名中层公务员，只能送我们去上公立小学——附近的"中山国民学校"（现在叫"中山国民小学"）。这是一所拥有近万名学生、很有传统的小学，虽然是公立，但竞争非常激烈。我父亲不知托了什么关系，让我提前一年入学，和哥哥做了同学。

我哥哥如此优异，我只能乖乖在一旁，一切向他看齐。我记得清清楚楚，老师是这么要求我的。一年下来，他是全班第一，而我的成绩只是位列中段。

但没想到的是，第二年督导来学校检查，发现了我们兄弟违规同堂的事情，就命令我重读一年级。这样一来，我的成绩当然比同班同学好，轻轻松松就拿了全班第一，从此就乘胜追击，一直到学校毕业，我都保持着全班第一的好成绩。

这是我人生的第一个奇妙转变。我从此不再生活在哥哥的"阴影"之下，开始了自己独立的生活，而且我也像丑小鸭一样一夜翻身，成了学校里的风云人物。

我和哥哥的个性很不一样。他自幼外向、好动，仗着天生的聪明，不用太努力读书，就能考全班第一。他把大部分时间花在打球、玩游戏上面。而我天性内向，不懂得交朋友，却对书本知识怀有极大兴趣，有时间就去找书来读。我的兴趣非常广泛，各种中外小说、连环漫画……什么都看，其中我最喜欢的就是柯南·道尔、莫里斯·勒布朗笔下的福尔摩斯、亚森·罗平，我非常崇拜他们知微杜渐、抽丝剥茧的本事。

或许这便是我的天性，凡事一定要追根究底，眼中容不下一粒沙子。只要一件事在我看来不合情理，就必须打破砂锅问到底。

久而久之，我的同学们就给我取了一个绰号，叫"老学究"。这其实不是一个褒义词。像我这样总是不停地找茬儿，肯定不是很讨喜。我这一辈子，一直都按捺不住这个天性，只能学些技巧，试着比较不伤感情地"追究"下去。

小学六年，我好像没什么太了不起的记忆，只记得每天的饭盒。父亲找了一个山东老兵来家里帮佣，但他实在不会做菜，这让我和哥哥痛苦不已。好在后来我父亲再娶，后妈对我们非常好。每天放学以后，她还会带我们去离家不远的圆环吃各种小吃，如蚵仔煎、鱼丸汤等，这是我最美好的儿时回忆。

痛苦的初中

1964 年，我小学毕业，顺利考上第一志愿的大同初级中学（后改名为"大同国民中学"）。我虽然是全班第一名，全市第十五名，但全校成绩排名中我只能排第二。另一名女生是那一年的全市状元，这也让我有些小遗憾，没能一步登顶光宗耀祖。

这里必须先提提我哥哥。他那么聪明的一个人，却非常吊儿郎当，玩世不恭。他比我早一年考初中，本来应该是探囊取物，却大意失荆州。因为耍帅，他只填了一两个志愿，结果名落孙山，所有人都大吃一惊。不得已，他只能参加补习考试，进了建国中学的补习学校。建国中学是全台湾最好的高中，但建补是它附属的一所夜间补习初级中学，没有正式学历，但讲起来还是"建中"的品牌，老哥好像也引以为傲。他每天半夜回家，中午才起床，从此我们就晨昏颠倒，不太能见到面了。

初中联考顺利结束后，我快乐地过了一个暑假，就去大同中学报到。没想到上课第一天，就让我从天堂掉落到地狱。

大同中学之所以成为许多人的第一志愿，就是因为学校的教导非常严厉，一切都为高中联考做准备。学校一半的毕业生应该都能考上建中。所有能进大同的学生本来就已经是全市的佼佼者，再加上家长间的互通声气，学生们早就在暑假里开始补习，力求一开学就能名列前茅。

我的老爸老妈完全没经验，也不"在线"，我更是毫无心理准备，开开心心地玩了一个暑假。上课第一天有英文课，我第一次拿到课本，看到ABCD，以为和小学一样，全由老师带着认字，没想到全班只有我一个人不会，而老师直接跳到不知第几课开讲，我一下子就蒙了。

我的悲惨处境完全没有得到任何人的同情，而且我的"运气"还不是一般的"好"，被分到了绰号"马面"的老师班上。此人心中只有建中，对学生毫不留情。我只能忍住不停的羞辱，自己课外拼命地自习，尽量追上同班进度。

在大同中学的日子实在乏善可陈，但我的学究气倒还保留着，数理、逻辑都是我擅长的科目。记得一堂数学课上，老师错误地解一道题，完全是胡说八道，我大声喊了一句"Why?"（为什么）惹得全班哄堂大笑，而老师的脸涨得跟猪肝一样红。

就这样度过了痛苦的初中三年。当初入校时，我是全班第一，但开学没两天成绩就垫底了。好在我苦苦追赶，毕业时已变成全班第29名，虽然成绩也不怎么样，但大同中学就是厉害，我那个班居然有33人考上了建中，所以我也顺利成了建中的正牌学生。而我哥哥已早一年建补毕业，后来去上了私立高中。

快速成长的高中

如果说大同中学是我人生的低谷，那么建中就是我谷底翻身的开始。

大同中学就是一家"学店"，专门制造"考试机器"。而建中则是一个有着优良传统、学风非常自由的学府。我一到建中，就非常喜欢这里的风气。老师都非常优秀，而且非常有情怀，把学生当成幼苗一样呵护培养，循循善诱，鼓励大家独立思考。

建中是一所男校，百分之八十上大学的毕业生都是学理工科。当时学校里有一个校刊《建中青年》，会收到各种各样的投稿，当然大多稿件都是讨论最前沿的理工新知，但也有很多风花雪月、儿女情长的创作，甚至还包括批评时政、讨论各种主义的文章。学校对此不但不加阻拦，甚至给予保护，以"校园学术独立"为由，拒绝任何保守势力的干涉。那个年头台湾有白色恐怖，对言论自由的钳制很厉害。

我们上的课不是填鸭式的囫囵吞枣，更多是生活上的应用和理论的实践。老师和同学们之间开放地讨论，同学间的互辩与探讨也非常盛行。

虽然我们还是要背很多书，主要是文科课程和三民主义，但作为理科学生，我们更多还是靠理解与应用。这完全合了我的胃口，所以我的成绩也越来越好。到毕业的时候，我居然从入学时的末段排名，直升至全班第二。

我非常感谢建中三年带给我人生中最有意义的成长。我第一次有机会不再死读书，而是通过丰富不同的视角去认识世界，并且清楚地意识到这世界的多元精彩有待自己用一辈子去学习、去探索。

不再跟风的大学

建中三年毕业后,我需要参加全台湾的大学联招,与所有应届毕业生竞争好的大学、好的科系。

在那个年代,成绩好的男生几乎都会毫不犹豫地选择理科。高中二年级时,我们就已经按志愿分班,甲丙组(理、工、医科)的学生念理科,而乙丁组(文、法、农科)的学生则念文科。

我的成绩没问题,理工科又是我的强项,我自然就念理科。我很自然地选择了工程学系。在那个年代,报考工程专业的学生一定是以台湾大学为第一志愿,然后按科系排列,第一选电机,第二是化工,然后是机械和土木。当年只有这四个学科,不像现在有十多个。

我的联考成绩和模拟考差不多,进了第二志愿台大化工系。这在建中来说也是不差的成绩。

作为一名联考制度下的学生,考上台大,而且是顶尖的科系,我的任务就算完成了。有了台大的光环,这一辈子应该是吃穿不愁了,家里也不会再管你了,我这匹野马也终于可以脱缰了。

台大的校风比建中更加自由。老师上课不会点名,课本都是英文原版,考试也都可以自由发挥,甚至是开卷考试。

我们这些理工科的学生，虽然还是要上一些必修的文科科目，如英国文学和国文思想，但我们基本上都会选择翘课，倒是校外的生活，如打撞球、打桥牌、办舞会、交女朋友……更加多彩多姿。

课还是要上的，但可以跟着自己的兴趣走。例如当年的高等数学、高等物理课，脱离了我们的三维世界；而量子力学、相对论课程，则是看不见、摸不着的纯理论天地。我虽然脑子不差，勉强也能跟上，但我自己知道这些领域是留给那些真正的"最强大脑"们的。再有的就是各种实验课程，考验耐性，需要一步一步准备各种器皿和试剂，小心翼翼地按照规定的流程，耐心等待反应流程的结束，最后准确复制出应有的结果。那时的我常常溜出实验室去玩，等时间差不多了再回来，结果发现别人做出来的是白色粉末，而我的则是黄褐色硬块，于是我只能厚脸皮跟同学讨来一小份，蒙混过关。

但有些课程我很喜欢。凡是那种需要潜心规划、逻辑清

台湾大学毕业照

楚的学科，如程序控制课，我就如鱼得水，轻松拿下。至于工程管理等注重思辨的课和新兴的计算机应用课就更不在话下。

大学四年，我过得多彩多姿，也真正知道了自己能做什么、不能做什么，也因此决定了不走化工这条路——不管是做学问，还是念博士、在实验室做研究都不适合我。至于进化工厂与机器为伍，还要担心泄漏问题，尤其身边是清一色男同事，想想都没有动力。

02

初生之犊的横冲直撞

初入社会的预备军官

当年的台湾大学生毕业，如果不进研究所就必须服两年的兵役，除非体检不合格。扣除大一寒假或暑假的两个月军训，还有一年十个月的役期。大学毕业生有机会成为少尉军官，但必须通过考试，否则就得服"大专兵"役。

当军官当然比当兵好，但预备军官也没那么好当。预备军官考试分为两种，一般兵科比较容易考，成绩好的则可以考上政战科，通常到部队当辅导长，比要带兵的排长轻松。更轻松的则是特种兵科，但名额很少。像我们这些化学和化工专业的毕业生，就只能考特种兵科中的化学兵，但全台湾一年也只招三四十人。

其实我无所谓，考个政战科应该不是问题。没想到试卷一发下来，都是我轻易能解答的题目，我居然考上了化学特种兵。

我们因为人数太少，化学兵科又与一般兵科相差太远，就让我们直接去化学兵学校报到。前三个月接受基本训练，后三个月进行专业训练。

我从小不爱运动，体育课是我最头痛的课。我个子很高（当年也号称1米90），所以做伏地挺身、仰卧起坐都很吃亏。就连平常叠被子、出操集合，我都是笨手笨脚最后出来的那一个。

好在化学兵学校是一个温暖的大家庭，地处桃园的一个小村庄——更寮角，几乎没人来视察。校长是一位儒雅的少将，他的任务也不是把我们训练成要上前线的战斗人员。

为了逃避各种出操，有同学直接给校长出主意，何不让我们这些科研人员做些创新项目，这样他也可以向上级展示各种科研成果。

校长很英明地采纳了我们的建议，我们分组立项，各选课题，煞有介事地去台北"出差"，说是去查资料，其实是去见女朋友。几个月的时间就这么愉快地度过了，我们好像还发明了一款新型防毒面具，总之宾主尽欢。

六个月受训期满，就要抽签分岗位了。当时传言有四个上上签——可以在台北当宪兵。可是轮到我的时候，几个好签都被抽掉了，我以为就得下部队。结果我抽到了"联勤总司令部"，完全不知道这个岗位在哪里，但全场轰动。原来是在台北南港，我竟然抽中了"签王"!

我这一辈子没有什么偏财运,所以从来不赌,也不买彩券。但我的正运却一直很好。多年以后,我的未来老婆大人拿了我的生辰八字去算命,算命先生立马告诉她,此人必须嫁,因为紫微坐命宫,还有诸多好星几乎到齐。我虽然不信这个,但真的如他所言,我这一辈子总是逢凶化吉,遇难呈祥。

联勤总部之所以到化学兵学校招人,是因为我们是所有兵科里面最难考的,所以素质最高。而联勤总部负责部队的重大采购,必须有英文好的人做商情调查,并制定对外采购的底价。

我就这样糊里糊涂地"做起了生意"。

这一年零十个月的少尉军官和核生化作战一毛钱关系都没有。我连军服都基本不用穿。因为在台北,总部有大巴接送文职人员,我连分配给我的宿舍都没去过,每天就住在家中,搭公务巴士上班。上午开完竞标会后,吃个军官餐,我就可以外出做"商情调查"。

我当时从未接触过商业。什么是国际贸易,什么是FOB(离岸价)、CIF(到岸价),我全都不会。但不会就去学,而且有尚未退役的前期学长教我,我很快就上手了。

部队采购有着严格的流程,每个案子都有需求方编列预算,但必须到联勤走流程,还要求三方以上比价(议价的案子很少)。

我们这些初出茅庐的小伙子,哪里知道该如何制定底价。

我们如果太过严苛,万一流标,需求单位和采购组都会怪我们。但如果标准太宽,也很容易被人找同行一起"围标"。

我的前期学长本来就打算退役后加入供应商的行列,所以跟他们混得很熟。他们之间没人敢大搞腐败,就是一些小恩小惠。我不认同他们的做法,但这是难得的经验,让我知道了做采购的不容易和可能堕落的风险,这对我以后设计百胜的采购体系有很大助益。

初出茅庐,留学美国

我虽然早在大学毕业以前就知道自己不想再走化工这条路,但在现实生活中,有一条康庄大道似乎又不走不行——去美国念化工硕士。

20世纪70年代初期,台湾地区虽然经济已经开始蓬勃发展,但和发达地区相比还是有着很大差距。对学化工的人来说,去美国深造还是很有必要的。实现美国梦(American Dream)是不少人的目标。即使不为自己也要为下一代着想,这也是很多人想去美国的原因。

我倒是没有这种想法。我在联勤做了一年多的采购军官,觉得台湾经济大有可为，也不一定非要出去不可。

但是闲着也是闲着，同学们都在考托福、GRE，我也去考着玩，成绩还不错，就选了几所大学试着申请，最后居然拿到了美国宾夕法尼亚州立大学（Penn State）的研究助理（RA）奖学金。Penn State比上不足比下有余，全美化工科系排名十五左右。关键是我拿到了奖学金，这样不仅没有任何学费负担，每个月还有400美元的津贴，折算成台币比我父亲的薪水还多……这就让我非常容易做出了决定。

我只需要付出两年的时间，不花自己一分钱，还能赚不少，更重要的是我还可以拿个学位，学好英文，还能认识美国，这笔交易太划算了。

于是1976年8月，我第一次坐飞机横越太平洋，到了美国。从这一天起，我与美国结下的缘分贯穿了我的一生。

还记得到美国的第一站是旧金山，我和另一个考上Penn State的同学朱孝祖一起住在我的大学同学尹嘉书家里。他和妈妈、妹妹住在唐人街的一栋洋房里。尹嘉书带我们吃麦当劳，看金门大桥，体验了美国生活。那个时候的旧金山唐人街车水马龙，全世界来的游客都抢着吃中国料理，买各种中国装饰品。我们两个土包子大开眼界，惊叹不已。

等到我们去学校报到的时候，又是完全不一样的感受。Penn

State 是一个标准的大学城，地处宾州的中央，依山傍水，非常漂亮。小镇不大，只有一条沿着校区建设的商业街，但应有尽有。学校里基本都是白人学生，只有少数黑人学生，他们一看就知道是打美式足球或篮球的运动员。

Penn State 的化工系有其独到之处，有几位大名鼎鼎的教授与工业界关系很好，在当年最红的聚合化合物技术上有很先进的研究项目，所以研究生们都抢破头，争取成为他们的研究助理。朱孝祖就是其中一位，他后来凭借优秀的成绩继续留下念博士。他拿到博士学位后，在美国最大的炼油公司 Exxon［埃克森石油公司，现在的 Exxon Mobil（埃克森美孚公司）］任职，一直到退休。

我的目标和他完全不同。我可不是真的来做学问的，更不想做天天被关在实验室里面等实验结果的研究助理。

我最后很轻松选到了教授 Dr. Engel（恩格尔），这位老先生出自名门，师承化工界的泰斗，因此混得还不错。但他这人生性懒散，也没什么外部资源，拿不到基金支持。Dr. Engel 负责的是一个钱不多的小项目，而且是一个冷门到不能再冷门、没有几个人做的新概念——循环蒸馏（Cycled Distillation）。因为没有钱购置真的实验设备，我们只能在电脑上建模，用模拟的方式先验证它的理论可行性。

做这样一个冷门的研究题目，将来不太容易凭此找到工作或继续深造,所以也就没有人来和我竞争。但对我来说,这却是天赐良机。我只需要做一套线型计划的数学式和写个电脑程序。另外,之前做过类似研究的人没有几个,所以顺带着我很快把文献研究也做完了。

研究所的课程本来就轻松,我又特别选了一些本科甚至是我在台大已经上过的课。美国大学的理工科水平实在不是很高,对我们这些台大毕业生来说,简直易如反掌。我轻松地拿了全A的成绩。

我把学校的事搞定了之后,就开始研究怎么花时间做我真正想做的事。

在美国宾夕法尼亚州立大学上学期间买了人生第一部车

第一件事就是买车。美国的车子真是便宜，尤其是二手车。我去的时候刚好赶上第一次石油危机，油价高涨，美国人都换了日本的小型车，所以我只花了700美元就买到一辆Oldsmobile Eighty-Eight（奥斯莫比88）的二手车。我一个20多岁的小青年，开着拥有7 200 cc、全自动电门窗和车位调整、液压刹车的豪华轿车，驰骋在美国高速公路上非常有自豪感。当然，加油的时候还是有点心疼。

有了车，我就可以到处去玩了。两年时间里，我跑遍了美国东部各州，上至尼亚加拉大瀑布，下至佛罗里达最南端的西礁岛，这是对美国各地风土人情最直接的体验。

另一件事就是看电视学英文。美国的电视节目很好看，不论是情景喜剧、体育转播还是新闻节目，我都一边看一边跟着复述，慢慢地，我的英文就进步了，而且口音也变标准了。

这两年的时间里，我的收获非常大。因为选课策略，我门门课都拿了A，我的论文也不费力气地顺利完成。Dr. Engel主动要求与我联合署名，在最权威的 *AIChE JOURNAL*（《美国化学工程师学会会刊》）上发表了我们的科研成果。因为他的师承，我们还被邀请到年会上进行演讲。别看取得了这些成就，我自己心里明白，循环蒸馏的目的是节约能源，但随着油价的下跌和传统工艺的进步，这项技术没什么前景和市场。

毅然回台的热血青年

在我们那个年代，去美国念书的人毕业后基本就留美了。我的大学同学里除了我没有一个人回台湾。继续读博的有一半，其他的都进了各种化工公司。有的在研究室工作，更多的是做了工程师。但我打定主意回台湾。我总觉得我在美国充其量就是个次等公民，不如回家乡追寻自己的梦想。

我回台湾的时候，正碰上政府大力推动"大贸易商"战略。

这个"大贸易商"战略值得说明一下。很多人或许知道日本的大贸易商社，如三井、三菱、伊藤忠等，这些日本战后经济的重要支柱，在全世界都有分支机构，寻找各种投资与贸易机会。到了70年代中期，新兴的贸易体也想利用同样的方式，发展自己的贸易与经济。当时韩国和台湾地区是最大的竞争对手，各自都想推动大贸易商的建设。

韩国举全国之力，在政府各种支持下，硬是建立了三星、现代等巨无霸财团。这几个财团在经济中的占比，甚至超过了日本的大商社，这也是韩国文化的一种极致表现。

相比之下，台湾地区的外贸发展主要依靠中小型贸易商，它们如"小强"般坚强奋斗，如水银泄地般无孔不入，最后在各个细分领域，如圣诞灯饰、雨伞等，孕育出一大批"大王"。

我在 Penn State 念书的时候，注意到了台湾地区的新闻发布，说政府正准备政策支持大贸易商的发展，而且已经有几家颇具规模的贸易公司开始申请。我深深感觉这是未来发展的重大机遇，因此学位一拿到手，我立刻向青辅会申请机票补助，搭机返台。

青辅会非常重视我这样难得的海归人才，于是介绍我去几个急需人才的单位，如联合工业研究所、"中油"等，但是我对此一点兴趣都没有，一心只想去大贸易商。我看青辅会甚是为难，就干脆自己打电话到经济主管部门，找主办科员。这名工作人员也很坦率，直接告诉我，这个政策只是纸上谈兵，八字还没一撇，来申请的人都是要补助的……果不其然，这"大贸易商"战略后继无力，不了了之。

但我还不死心，自己去找有野心成为大贸易商的"伯乐"。我先去了一家颇有规模的公司，结果一轮面试下来，对方就告诉我资历过高——我的英文能力、学历背景都超过他们太多，小庙不敢容大菩萨，这让我啼笑皆非。

最后我终于找到一家中型贸易商，老板是上海人，带着一个小团队，靠自己到处跑市场找机会，每年也能做到千万美元交易额，在那个年代算是很不错了。老板对我寄予厚望，让我直接做海外部经理，希望我能打开美国市场。我也跃跃欲试，积极在黄页上寻找潜在客户，尤其是美国的进口商。

当我好不容易找到了一名来自美国纽约的商人，带他到公司的样品间选货，并且说服他下了测试订单，正想向老板邀功的时候，却被泼了一大盆冷水。老板只冷冷地说了一句："他是犹太人吧？犹太人的生意我们不做！"

我当时就意识到这里不是发展之处。如果想成为大贸易商，在全世界做生意，怎么可能先自缚手脚，不与犹太人做生意？

至此，我的"大贸易商"之梦彻底破灭。

好在一扇门关了，就有一扇窗会打开。东联化学，一家刚刚成立的公司招募工程师，来问我有没有兴趣。我就去见了他们的总经理、我的伯乐詹绍启先生。

詹先生慈祥可亲，一脸笑容地接见了我。他对我很好奇，想看看我是什么样的人，居然会拿了美国的硕士学位还跑回台湾。我告诉他我的抱负，表明自己不想成为一名工程师，只想"做生意"。于是詹先生给了我一个任务，去高雄林园的工厂，把美国Union Carbide（联合碳化公司）的那一套采购流程改写为符合本地采购的流程，并且答应我如果办成此事，就把我调回台北总公司业务部担任销售。

于是我去高雄厂待了六个月，每天与被派来建厂保证安全生产的老美工程师打交道，帮他们解决采购上的问题，也建立了本地的采购流程及中文版的手册和表格。

因为我的英文沟通无碍，大家也都很喜欢我，工作顺利完成，我就被调回总公司，担任业务部襄理，协助业务部经理。具体说，我的工作就是做好与客户每六个月一次的议价，和与海外客户的零星交易。东联化学主要生产的是乙二醇，是聚酯纤维的两大原料之一，都是千吨万吨的销售，产品价格都是按照国际行情制订。货源紧缺的时候，比如有哪家工厂出事了，就卖贵一点；货源充裕的时候，如开了新厂，就卖便宜一点。

我其实做不了什么，也学不到什么。我最大的学习机会是詹先生给我的另一个任务——担任董事会的秘书。他其实有很优秀的秘书，但却特意要我做这个事，纯粹就是要培养我、观察我。

詹先生是我这一辈子第一个也是我最感恩的贵人。他是中国第一代石油人。抗战时期，国民政府出海的通道全都被日本人占领，从滇缅一路能运进来的油料非常有限，而且不稳定，好在有一批年轻工程师在金开英先生的领导下，在甘肃的老君庙挖出了油井，帮助抗战坚持下去。詹先生就是那批年轻人之一，他后来奉派赴美，学会了如何与美国人打交道。之后又去了澳洲，担任一家大型采矿企业的总经理。东联成立的时候，他的老战友，台湾地区经济主管部门负责人赵耀东先生向他发出召唤，他才回来出任东联的总经理。

詹先生是武汉人，接受过传统儒家教育，后来又接受了现代教育，又有机会出国担任重要工作，还管过外国人。他的英文遣词造句都非常儒雅适切，一般美国人都自惭形秽。

我帮詹先生写会议记录，等于上了私塾课。每次我写的记录，都被詹先生仔细批阅。还记得我第一次的记录被他改得体无完肤，除了第一句话是我写的，其他基本上全被他重新写过。

这是我一辈子最受益的教导。不单是遣词造句，更是如何揣度别人发言的真意，了解全局的来龙去脉，还要埋下伏笔，为未来的发展预留空间。这些都对文字运用技巧的要求极高。

我在东联待了三年，工作量不大，业余时间便继续我对知识的追求。我去念了日文班，还上了台湾政治大学办的第一届企业

东联时光

经理人班，就是现在最流行的EMBA。还记得当时柴松林老师教的统计学，一点都不枯燥，让我对统计学的应用有了非常好的体会。对于现代经营管理，尤其是对消费者需求的解读，统计学的运用非常重要，而一般的市场调研机构往往虚有其名，以讹传讹。我从柴老师那里学的知识，后来都被证明非常有用。

在东联的三年一晃即过，我又开始不安分了。我确实是"做生意"了，但这个生意实在无聊单调。所有价格、生产、配送都早已定局，唯一的就是决定要不要增加投资扩产，但这与我何干？

我思前想后，如果我再不改辕易辙，就真的走不出"化工人"的定轨了。那一年我29岁，马上三十而立，不再算是年轻人，于是决定大赌一把——再去美国念MBA，重启自己的人生。

好在詹先生完全体谅我，还大力支持我，帮我写了一份言情并茂的推荐函，让我顺利申请到了我心目中最想去的宾大沃顿商学院。

壮士断腕，二赴美国

我之所以选择沃顿，理由比较冠冕堂皇，沃顿是全美当时最好的三所商学院之一，另外两个是哈佛和斯坦福的商学院。

哈佛商学院以编写案例著名，教的课程全部以案例形式进行，我不太接受这样的教学理念，总觉得有些学问还是应该以传授为主。而斯坦福商学院依托于硅谷，偏重创业，我对创业也没什么兴趣。沃顿商学院不仅以金融闻名于世，向华尔街输送了大量人才，在其他领域，如市场行销（Marketing）和国际管理（International Management）也都是全美第一。而且沃顿的教学灵活，兼用案例与老师授课的方式。我这人比较重实效，沃顿自然就成了我的首选。

其实还有一个理由。我刚回台湾的时候，有一个同学让我帮他带点东西给他的姑姑。他姑姑热心邀请我参加她一个多年挚友的家庭聚会。我去了以后才知道，主人的女儿也在美国念书，正好回来度假，同学姑姑就介绍我们认识。这个女孩美丽端庄，我约她出去玩了几次。

有一次约会后，我送她回家，而她的母亲却以严厉的口气要求她以后不再与我来往。

这对我来说犹如晴天霹雳，不能接受，于是我去找我同学的姑姑想侧面了解情况。当我登门拜访的时候，发现她居然如临大敌，几个成年子女也在一旁戒备着，让我一时摸不着头脑——他们把我当成什么毒蛇猛兽了？

后来她见我没有任何恶意，才一连串问了我几个问题：我的硕士学位到底拿到了没有？我为什么没有继续念博士？为什么没有留在美国工作？为什么回台湾后不接受政府安排的工作？……

我这才恍然大悟。原来我以为自己台大毕业、美国硕士，又高又帅，去哪里能找到像我这么优秀的乘龙快婿？结果在她们眼中，我竟然是一个离经叛道、不能托付终身的可疑青年。

这个经历对我后来的管理有非常大的启发。所有事物，不论在你自己的主观认知中多正确多美好，但是在别人的眼中却可能完全不是那么回事。我们想要真正得到别人的认可，就必须站在对方的视角，让他们也能看到你所看到的。同时，自己也要虚心检讨，是否经得起这样的质疑。

暑期结束后，这个女孩就回到她所就读的大学继续学业，而这所学校就在费城。

当我决定再去读 MBA 的时候，费城对我来说再适合不过。我如果有机会与她再次相聚，是否可以挽救这段感情？

最后的结局是为时已晚。我只好斩断情愫，专心向学。

我去沃顿上学面临一大难关——没钱。沃顿的学费、生活费都很贵，我在台湾工作三年的积蓄只够我一个半学期的开销。沃顿商学院又不像工学院，基本没有什么研究奖学金。少数的助教奖学金也优先分给美国学生了，但我还是决心豪赌一把。

第一关是拿到美国签证，这需要一份财力证明。我自己没钱，只能去借。好在后妈有个儿子，比我大几岁，自己创业做生意。我就去找他周转，把借来的钱暂时放在我的户头里。我拿了存款证明，就去办签证。签证官一眼就看出来我的钱是刚刚存进账户的，就质问我钱是不是自己的？我理直气壮地和他说，我可是名牌大学出来的，拿的是沃顿的入学许可。何况哪个去沃顿念书的，会把大笔钱放在银行里赚微薄的利息收入？

签证官被我抢白了一顿，也辩不过我，就敲章通过了。通过这件事情，我想明白一个道理。我们要理解别人的规章、设的"障碍"都有其真正的目的，但我们也不必自我设限，要想办法去谋得别人的支持。

到了学校后我与几个大学部的学弟一起租了距离学校几条街的一座老房子。因为我去得最晚，只剩下条件最差的一间，房间小，没有窗户、家具、卫生间，洗澡要到地下室的一间简陋浴室。但我毫不为忤，因为这样房租最低。我的房间里只有一张搬不走的、用木材拼装而成的简陋书桌，书桌上方还有一张拼装而成的悬空床，有个简陋的木梯上下。我住进去的当天就在附近找了别人丢弃不要的泡沫床垫，美国人有此习惯。第二天我又在附近的 Yard sale*，看到主人坐的一把旧钢椅，就问他卖不卖，最后以一美元成交。

---

* Yard sale，美国一种小市集，大家在草坪上卖各种不要的东西。

我的沃顿生活就此展开。

多彩多姿的沃顿经历

我再怎么节衣缩食，相对于不菲的学费开支，都只是九牛一毛。我的资金缺口是上万美元，而一个月省吃俭用也不过省下几百美元。所以我必须要成功申请奖学金，才能撑过这两年。

我提早了几个礼拜去学校报到，想找找办法。一圈观察下来，我发现一名比我早一届的学长，他在学生中表现算是突出的，高大帅气，成绩优异，也就只在医学院找到了一份勤工俭学的工作，虽然不能免学费，但有一份还不错的薪水，这已经是不得了的运气了。

既然商学院以内科系的奖学金轮不到国际生，那就只能从其他科系入手。我第一个想到的就是我的本科科系——化工系。但是化工系"僧多粥少"，能自给自足就不错了，外系学生根本没有机会。于是我把理工学院相关的几个系，如化学、物理、机械都跑了一遍，结果还是一样。就在几乎放弃的时候，我突然灵机一动，想到了数学系。

数学系的研究生特别少，但是数学系开的课又特别多，因为不光是自己系的课，还要开设一堆大学必修的课，如微积分。这就给了外系学生成为助教的机会,我必须全力争取。

也是我有福气,当我找到负责助教聘任的大学部系主任时,正好赶上他截止收件。经我苦苦哀求,他看出来奖学金对我的重要性,告诉我下周一等通知。

周一早上,他如约来电,但告诉我名额有限,只能先提供一个帮教授改卷子赚点小钱的机会。我失望至极,这根本是杯水车薪,但事已至此,我别无选择。

第二天竟然峰回路转。就在我去找教授报到时,他告诉我有一个拿到助教名额的数学系研究生因为家里出事办休学了——换句话说,我的奖学金有着落了!

我大喜过望,当晚在唐人街请客,可以看到大家眼中的羡慕与嫉妒。

但我的问题并没有彻底解决,只是暂时缓解了。助教奖学金是一个学期发一次,解决了第一个学期,并不代表解决了后面的学期。但我的助教之路总是峰回路转,每次都柳暗花明,船到桥头自然直,关关难过关关过。

钱的问题解决了,剩下的就是学业成绩的问题了,这个对我不是什么难事。

我在台北的时候已经读过政大的企经班,所以很多经济管理的课,我已经上过一次。虽然现在用英文教学,而且是与全世界顶尖的学生一起竞争，但我的英文早已流畅，在课堂上也没有听不懂或是不敢发言的问题，哪怕是英文写作，我在詹先生的训练下也早已今非昔比。

我虽然比其他学生多了一份助教的工作，除了上课旁听，还要改卷子和拿出固定时间接受学生的提问，但我还是能应付。

第一学期结束，学校居然要求学生们排队领取成绩，所以可以听到前后同学的成绩。那时大家最重视的是可以拿到几门优等（Distinction，DS）。如果两年下来可以拿到十门以上的DS，就可以获得至高荣誉——优异成绩毕业（Graduation with distinction）。排在我前面的几个同学，少数有一两门DS的就非常得意，没想到我居然拿到了五门DS，旁边所有人发出不敢置信的声音。我的人生高光时刻，这算一次。

我在沃顿的两年期间，因为不担心学费了，所以尽可能多选了几门课。我主修的是国际管理，从组织管理到市场行销，从商业法律（我最喜欢的课程）到高等会计（我是全班最高分）。另外，沃顿的财务管理和金融专科举世无双，我也去旁听，跟着别的学生一样读书、参加讨论，只是不参加考试，没有成绩而已。因此，我在银行和不动产等专业领域，也学到了不少有用的知识。

两年快乐而忙碌的沃顿学习，我顺利拿到了十门DS，很荣耀地毕业了。

重启职业生涯的大龄新手

1983 年我从沃顿毕业。虽然我的不少同学们在入学前已经有两三年的职场经验，但毕业时也就二十五六岁，但那年我已经 31 岁，比他们大了许多。

沃顿商学院盛名远播，全美第一流的企业、华尔街巨头和顶尖的咨询公司等，都会拿着学校准备的履历册，邀请适合的学生去面试。同学们相见，都是互相询问最近又去面试了几家、拿到了几家公司的 Offer（录用通知），互相之间的竞争意味很浓。

那个年头最有面子的就是拿到麦肯锡、高盛或摩根士丹利这样天花板级别公司的 Offer，不仅工资高，还可以傲视群雄。有幸拿到的人，走路都带风。

当然不是每个人都有这样的待遇，大家互相比的就是谁拿的 Offer 多。

我对这类工作一点兴趣都没有。薪水再高，名气再大，我都觉得干的事未必真的有太多意义。至于比较谁拿的 Offer 多，我更觉得无聊。明明不会去的公司，只是为了可以在同学面前夸耀，不仅浪费了自己的时间，而且耽误了别人的求职。

我一直对留在美国没什么兴趣，对求职一事也不是太热衷。但我的命运始终在关键时刻就会出现一个绝佳良机。

宝洁（Procter & Gamble, P&G）是全世界公认的最会做品牌管理也是最大的消费品公司。多少人挤破头想加入P&G，因为这样才能学习到顶尖的品牌管理知识。从基层做起，是进入P&G的唯一途径。

1982、1983这两年，P&G International（宝洁国际部）在总裁Ed Artzt的领导下，开启了一个针对亚洲人才的培育计划，他们从美国的顶尖商学院招聘顶尖的亚洲籍毕业生。这就刚好被我赶上了。

说来也好玩，在P&G眼中，我的大龄不是问题，只要我愿意从头学起，他们有信心驾驭我这匹已经证明过实力的野马。

我被邀请到总部所在的辛辛那提，利用P&G International年度会议的机会与负责执行计划的日内瓦团队见面。我的面试过程很顺利，几位老总都点了头，HR就安排我去见Mr. Artzt。Ed Artzt（埃德·阿兹特）是一个非常严肃的老派人，他与我简单地寒暄两句后，就告诉我说他没有任何问题，但时间有限，我只能问他一个问题，我也不知哪来的勇气，居然就当面挑战了他。

这个计划之所以由日内瓦团队负责，是因为在当时新兴的亚洲市场，P&G还没有自己的团队，主要依赖日内瓦的出口及特别营运（Export & Special Operation，E&SO）团队和利用各地市场的经销商来经营，所以新招的学生都送去日内瓦学习管理亚洲市场，也负责筹备市场直营公司的成立。

所有其他亚洲学生都没有异议，能进入P&G就很满意了，只有我这个"老学究"问了一个核心问题："日内瓦是训练我学习品牌管理最合适的团队吗？"

我一直很钦佩P&G的一点，是他们对真理的坚持与追求。Mr. Artzt居然被我问倒了，但他也不以为忤，打了几个电话，询问当时P&G两个最大的市场——英国和德国的总经理，是否愿意接纳我去他们那儿。英国总经理很"油条"，借口说很难帮我办到工作许可而推辞了。相比之下，德国人就比较实诚，不懂得如何拒绝，只好与我面谈了一下，也挑不出什么毛病，就回复Mr. Artzt一切没问题。

我就这样拿到了P&G的Offer。我的同学们又一次对我刮目相看。

我的世界从中国台湾转到美国，然后又跨入了欧洲。

P&G在那两年里招收了十几个亚洲人才，后来这些人也都成为P&G发展亚洲事业的栋梁。好几人都在数年之内升任市场的总经理。也有不少人离开P&G，在别的消费品公司做出杰出的成绩。我那一届，除了我还有另外两个大名鼎鼎的台湾人。一个是韦俊贤（James Wei），曾和我在P&G Taiwan（宝洁台湾）共事过一年，后来高升总经理，又被提升为中国市场的总经理，许多宝洁人都是他的徒子徒孙。他离开 P&G 后又做了多年顶新集团的 CEO。另一个是吴人伟（Jesse Wu），他是少数被招来做财务的。他在 P&G 时间不长，三年后离开转入 PepsiCo（百事）。然后又加入台湾强生（Johnson & Johnson，J&J）做财务长，之后被调到中国内地做中国市场的总经理。他还一度升任 J&J 全球消费品的总裁，并且是全球管理委员会的成员，是我们华人在跨国公司最成功的人之一。我们三人被称为 P&G 三杰，事业轨迹有很多交集，我们也都是好朋友。

德国宝洁的惊险斗法

1983 年秋天，我去德国宝洁报到。公司上下都很期待，想看看我是何方神圣。一个不会德文、没有到过德国甚至欧洲任何地方的中国台湾青年，居然会得到 Ed Artzt 的青睐。我作为总部外派人员，和其他新进员工一样，从最基层的品牌助理开始做起。

因为我是"钦派"人员，德国公司不敢怠慢，让我加入最大的品牌兰诺（Lenor）。这是德国 P&G 的独有品牌，也是洗衣柔顺剂的最大品牌，市场占有率高达 40%，但中国市场没有引进。这样我就不能说学不到真正的品牌管理了。

我的老板是一位年纪与我差不多的德国女士 Gabi Rheinhart。

她原来已做到财务总监，但为了做总经理，就必须再从品牌经理做起，这是 P&G 的规矩。

或许 Gabi 想证明自己比男人还强硬，她对我特别严厉。在 P&G 不管你自认多聪明，前三年都要被折磨。你觉得理所当然的事情，都会被挑战得体无完肤。很多人的第一份报告（Reco，recommendation 的缩写）都会被要求重写，听说最高纪录是 23 次。

我一报到，Gabi 就很友好地告诉我不急着上班，让我先跟着一名德文老师密集训练德文两个礼拜。我有英文的基础（古英文是从古日耳曼文演变而来），德文又是非常严谨的文字，字数也不多，和中文一样，很多字是由几个字结合而成。我学得很快，老师对我赞赏有加。

没想到 Gabi 从此就很不愿意和我讲英文，逼我说德文，这也未免太快了。

我被要求写的第一份报告，是把前面做的一份市场调查做总结，我也不知道为什么要做这个报告，反正就是在德国选了两个市场，一个做测试区，另一个做对照区。在测试区调整了价格，然后追踪了几个月的数据。我猜是闲来无事找事，想证明价格调整会影响消费。

我拿了所有数据，怎么也想不出来除了证明价格弹性的确存在之外还能做什么文章，就仿照标准格式写了简单几句话，交给了 Gabi。

但这不是 Gabi 想要看到的报告,她让我重写,但又不告诉我该如何写。我找了负责市场调查的同事讨论,他们也不知怎么帮我。

P&G 因为实在太成功,一个品牌管理团队居然养了好几号人,却一年也做不了几个广告。事情就那么一点,大家都是做一些没什么实际意义的事。他们辩得脸红耳赤的事,在我看来却都是些鸡毛蒜皮、见仁见智的事,他们还自以为高人一等。

就这样和 Gabi 扯皮了一年后,她在我的评估报告上居然称我"还算聪明,但不知为何,就是做不出什么成绩"。

这个报告一出,立即惊动了高层,"被寄予厚望的 Sam,怎么就做不出成绩了?"

为了给我一次证明自己的机会,我被调离了 Lenor,转到 P&G 德国第二大品牌碧浪(Ariel),这是德国洗衣剂的第二品牌,市占率有三成多。

我因此换了新老板,这是一位非常温柔、年纪也比较大的先生。他也是非企划出身,刚从希腊调回德国。但负责考核我的是他和 Gabi 的老板,一个非常特立独行的波兰裔的德国犹太人 Jimmy Rembijeski。Jimmy 也和我一样离经叛道,经常和 Gabi 拌嘴。他对我独具慧眼,不相信聪明的人会不知道怎样"做出成绩"。

在他的鼓励下，我提出了一个大胆的想法，把 Lenor 和 Ariel 两个家喻户晓的大品牌捆绑销售，一起打广告，建议消费者"两个一起用，效果更佳"。

在 Jimmy 的安排下，我们去见了高层，我准备了一个 PPT，声情并茂地报告 Lenoriel（我取的广告标语）如何让消费者在想到 Lenor 时就会想到 Ariel，反之亦然。这么一来，高层龙心大悦，我身上的负面标签也被摘除，他们也可以向 Ed Artzt 交差了。

我在德国三年，成功被"认证"，可以顺利升任品牌经理，并独当一面了。

这中间还有一段值得一书的小插曲。按照标准流程，我还需要做三个月的销售训练，去市场销售团队体验一下第一线销售人员的工作，算是让我们体恤下情。

但我的德文不行，于是我去了英国实习，工作许可居然也不成问题了。在英国的三个月，我很快学会了如何拜访基层客户，如超市、药房等，建立新订单和整理货架等，这些都是很有用的经验。

临别的时候，我还得了一次地区销售比赛的冠军。只因为我利用了一点人性，施展了一个小技巧。

1987 年，P&G International 找我谈话，说是时候我该回台湾了。

在中国台湾宝洁初试身手

我在德国时,台湾宝洁当时叫宝侨,是和台湾南侨公司,在 E&SO 团队的主导下合资成立的。当时组建管理团队,P&G 派了两个美国人做总经理和市场总监。我的一个沃顿学长,就是曾经在宾大医学院打工的那位,比我早一年加入 P&G,被派到台湾担任品牌经理。但他不甘愿只做台湾而没有大市场的经验,就提出来去别的市场历练,公司只好安排他去英国。于是当我三年时间一到,就必须回来补他的缺。

我在德国三年,虽然学了 P&G 完整的一套品牌管理,但其实并不开心。德国市场非常成熟,法律非常严苛,政府不希望老百姓的生活过度商业化,所以企业不能玩任何太大的花样。企业能买的电视广告很少,任何促销活动都不能以销售为前提等等。整个市场水波不兴,安静得很。我在德国三年做的两个品牌,市场份额没有任何变动,船过水无痕,一点成就感都没有。

所以当 P&G 台湾一召唤,我就马上和德国团队道别,尽管他们还想留我。

我在台湾宝侨又做了三年,这才是我真正做企划的开始。这三年间,宝侨把 P&G 品牌一个一个引进上市,每一个品牌团队都要管好几个品牌。我是 P&G 从总部调回来的,自然管的都是最重要的几个品牌。我从肥皂、纸尿裤，管到卫生巾，还做过洗发水。品牌多，能做的事就多，我每天忙得不可开交。但这才是我进 P&G 的目的，我终于可以独当一面了。

但又出了新状况。去美国、德国学习工作了五年，我已经习惯了欧美的生活和空气环境，而 80 年代后期的台湾，空气污染、人心浮躁、交通秩序极差，我有点反向文化休克（Reverse cultural shock），不太适应。而且我天生敏感体质，对尘螨和犬猫过敏，还被送了几次急诊。

我本来就志在四方，从来不觉得台湾就是我事业的终点，就向 P&G 提出了调离台湾的想法，同时我也开始接猎头的电话，想看看外面的大千世界有没有更适合自己的工作。

03

终于找到自己的"唐僧"

为什么要去肯德基

1989年是我生命中最重要的一年。那一年我36岁,我的儿子Zach(扎克)出生了,我在台湾也待了差不多三年。在P&G已经工作了六年,我决心再次改变,离开台湾这个让我觉得压抑、经常要喘到送医的地方。

P&G非常不希望我走,好不容易把我调回来,后面还有很多品牌要上。但他们迫不得已,只能替我想办法,说可以将我调去澳洲。澳洲虽然人口少、市场不大,但也还算是不错的去处。只是这个时候外面出现了一个让我非常心动的机会——加入肯德基。

肯德基当时是美国最大的炸鸡快餐连锁品牌。老爷爷山德士上校66岁才开始创业,他把自己的独门绝活,有11种神秘香料的炸鸡配方授权给加盟商去经营。老先生不懂得现代快餐,但犹他州的加盟商 Pete Harmon（皮特·哈蒙）先生非常有智慧，他比照麦当劳的方式，把炸鸡、土豆泥、菜丝沙拉等美国南方食品用快餐店的形式售卖，而且打出了"天天都是星期天"（Sunday Dinner Every Day）的口号，让美国中产家庭可以简单快速地把炸鸡一桶一桶地买回家当晚餐，与家人共享。在快餐细分中，炸鸡与披萨这种业态叫作居家替代餐（Home Meal Replacement），非常适合美国那种城区上班、郊区生活的人群。而麦当劳这种汉堡类餐厅是主流快餐（Main Stream Fast Food），更加适合工业时代忙碌生活节奏下只有简单用餐需求的个人。

我在 P&G 做的是快消品，属于比较纯粹的品牌行销，销售主要通过超市等渠道进行。在很多人眼中，我们是白领中的白领，天天坐在开着空调的办公室里做 PPT 这些形而上的工作，而做餐饮则让人觉得是蓝领成分更高一些的工作。

与 P&G 类似的巨头，还有联合利华、强生等大公司。食品行业也有自己的巨头，那就是可口可乐和百事公司。这两家公司的规模都不比 P&G 小，也是各有胜场。百事饮料虽然在大多市场不如可口可乐，但百事拥有菲多利公司（Frito-Lay），那可是小食类的巨人，其市占率远远超过所有对手。其旗下的各种薯片、玉米片都是家喻户晓的产品。

20 世纪 80 年代中期，为了增加与可口可乐竞争的力量，百事决定并购几个快餐品牌来保障自己的饮料能在超市以外的渠道占有一定份额。于是百事前后收购了三个各自领域的领导品牌——肯德基、必胜客和塔可钟（Taco Bell）。

这三个品牌都已经完成了早期的野蛮生长和一定扩张，但缺乏真正的现代管理，因此，百事就开始逐步向这几个事业部输送人才，同时从外面招兵买马。

80年代末期，正是亚洲经济快速发展的巅峰，所有跨国公司都深化在亚洲的扩张，百事总部也督促着肯德基加速在亚洲的扩充。在这个大背景下，KFC International（肯德基国际总部）找到我，想让我担任北太平洋（North Pacific）区的市场总监（Marketing Director）。当时北太平洋区由日本肯德基的老板Shin Okawara（大河原毅）负责，主要管理韩国、中国台湾、菲律宾和美国夏威夷、关岛、塞班岛等几个市场，工作地点在东京。这个总监职位需要同时给位于美国肯塔基州路易斯维尔市的国际总部和Shin汇报工作。

当猎头告诉我这个机会的时候，我很心动：

（1）P&G卖的快消品都是一些偏单纯、无聊的品类，说是快消，但其实一点都不快，消费者几个月买一次就不错了，而且忠诚度不高，几块钱的小优惠就能让他们换品牌。

（2）我们要通过中间销售环节才能卖到消费者手上，而中间的环节都不在我们掌控范围,因此还有平行输入的烦恼。

(3)没有太多有意义的创新,广告也都是"为赋新词强说愁",自己都觉得无聊。

(4)去日本对我太有吸引力了。1989年可是日本最高光的一年,当时的日本公司和富豪把美国的 Rockefeller Center(洛克菲勒中心)、Pebble Beach(圆石滩)都买下了。

我去东京和 Shin 见面,他热情地接待了我。他的英文非常流利,为我讲解了他在日本如何打败了当时的麦当劳,并把肯德基塑造成美国文化的象征,甚至是圣诞夜大餐的必备主角,KFC 圣诞桶让许多人求而不得。

一个品牌能做到让消费者如此"疯狂",这才是我们品牌人梦寐以求的成就。我完全被 Shin 征服。相比之下,P&G 最自豪的广告,和 Shin 做的要差到几条街之外。

从日本回来后,我毫不犹豫地递了辞呈,P&G CEO 亲自打电话给我"画了不少大饼",但我辞意已绝,收拾行李去日本报到,开始了我人生最精彩的新篇章。

我以前也认为做餐饮的太过蓝领,不入流,但当我深入了解后才发现,要打造一个真正好的大型现代餐饮连锁品牌,尤其像麦当劳、肯德基这种餐饮品种复杂、全时段经营的快餐品牌,对管理的要求有多复杂。而且所有与消费者互动的环节都在店内完成，包括生产、服务、售后等。更重要的是，民以食为天，消费者每天都要吃东西，每天都要琢磨去哪里、吃什么。这才是真正的"快消品"。虽然肯德基只是一个品牌，但其内涵却包罗万象，永远有做不完的创新，并有可能改变消费者对品牌的认知。这世界上没有比这样的品牌更好玩也更具挑战性了。

这就是为什么我会去肯德基，也是为什么我从此就留下来直到退休。

与日本失之交臂

1989年春天我去肯德基报到做的第一件事，不是去东京，而是去路易斯维尔市的肯德基国际总部接受"新人训练"。除了与总部各个部门的同事见面，还要在总部里自设的肯德基食堂实习。后场炸鸡、前场站柜台……我都做过。

结束训练后，我便去东京赴任了，公司给我安排了一套漂亮的公寓，我也买了当时日本最酷的一辆本田里程（Legend）。我终于成为跨国公司的一名高管。PepsiCo给员工的待遇很好，我虽然只是总监级，但进出已经乘头等舱，住的也都是五星级酒店。

我开始视察市场，很快就把辖地里的肯德基门店都跑了一圈。这几个市场，当时都处在经济繁荣、一切欣欣向荣的时期。我作为北太平洋区的市场总监，并不直接管理门店，只需看看各市场都在做些什么，并给些意见。工作轻松的我到处旅游，小日子过得美滋滋。

但怎么也没有想到，我好不容易来到日本，请的日本家教才上了一次语言课，我的任务就发生了巨大变化。

那一年的秋天，PepsiCo 的 CEO Wayne Calloway（韦恩·卡洛韦）来亚洲视察，第一站就是日本。他听取了各 BMU（Business Management Unit，事业管理分部）的报告，然后取道韩国，再飞回美国。我们这些不大不小区域的人，都飞到首尔陪同视察肯德基，这也是我第一次去韩国。

到了机场，加盟商斗山集团的老总接我们肯德基来的所有高管去吃饭。席上大家把酒言欢。但让我意外的是，肯德基全球的 CEO 居然对我说："我今天晚上好像坠入爱河一般，只可惜我明天就不干了。"这是我第一次见到他，也是最后一次。

后来我才知道，Wayne 这次的亚洲之旅，就是来亲眼看看，并准备对肯德基做一些大动作了。

没多久，肯德基全球 CEO 宣布辞职，Wayne 宣布改组肯德基国际部，把原来的北太平洋和东南亚两个区合并为一个新的亚太地区，由肯德基原来的全球财务官 Tim Lane（我帮他取的中文名字叫凌天泰）担任总裁的职务。Tim 是 Wayne 特意培养的金童（Golden Boys）之一。在 Tim 的坚持下，他的职称比其他地区副总裁（Regional Vice President）都高，与国际部总裁同级。新的亚太总部设在中国香港，Shin Okawara 只担任日本肯德基的总裁。为了补偿 Shin，公司让他兼管日本必胜客。

我不是 Shin 的老人，也不在日本肯德基兼职，只是董事，这么一来，我何去何从还有待决定。还好 Tim 曾经看过我在路易斯维尔市做的报告，觉得还不错，就任命我为他的市场总监，于是我开始申请香港的工作签证，准备搬到香港新的办公室上班。

我在日本前后只待了半年，中间还多半在旅行，根本来不及学些什么。

同年 12 月，我第一次来到上海，开始接管中国肯德基。命运之奇妙，完全不由我自己掌握。

想到就胃痉挛的中国市场

我其实压根儿就没想过来中国内地发展。我在台湾地区长大，两次去美国念书，又去德国、日本工作过，都是在发达的国家和地区学习历练。

但 PepsiCo 的决定改变了这一切。我负责的市场一夜之间扩大了不止一倍，在原来的基础上还增加了新加坡、马来西亚、印尼、泰国等东南亚国家，还有一个新兴市场——中国。

1989年12月8日，迎来上海肯德基的首店开幕仪式，这是Tim Lane到任之前，原来的肯德基东南亚区副总裁王大东（Tony Wang）先生主导时期的安排。Tony在Tim来之前就已离职，留下了以香港为基地的林克龙（Daniel Lam）先生担任中国区董事，继续管理北京肯德基和上海肯德基两个BMU。Tim到了香港以后，暂时到Daniel的办公室办公，没想到这位仁兄居然让Tim坐到会议室，自己继续坐大办公室。Tim当然非常不高兴，同时也开始从新加坡办公室的同事那儿听到很多对Daniel的抱怨。

Tim给还在东京等工作许可的我打电话，让我也去上海参加开幕仪式，帮他了解一下情况。我匆匆办了台胞证，坐飞机经香港飞到上海。在香港候机室，我第一次见到Daniel，他是一名很典型的香港人。Daniel对我的态度也非常冷淡。

到了上海以后，合资公司的三名负责人到机场接机，然后带我们去看店和吃饭。我还记得那个时候，出了虹桥机场，一路上没什么路灯，也鲜有车辆和行人。我当时就在想，肯德基开业后有没有人来吃？

等我们到了外滩东风饭店正在准备开幕仪式的肯德基，这里更是吓了我一跳。

我们开快餐店的，对店址的要求就是要有可视性（Visibility）和方便进入（Accessibility），而这家店两样都有点不及格。这家店开在进入东风饭店两道门后的半层楼高之上，外面只能看到"肯德基家乡鸡"的招牌。而店直接面对黄浦江。要知道，那个年代还没有任何观赏江景的平台或设施。寒冷的江风扑面而来，寒风刺骨。店内虽然还算整洁，但后面厨房区与餐厅是分隔的，要有人不停地运送食物。真不知这家店当初是怎么规划的，就算想在外滩开店，也不必这么勉强。

第二天是开幕仪式，我躲在后面，观察公司派来的几个外方同事。那时候，我们一个BMU一般会派两个人，一个做总经理，一个做营运经理。北京的合资伙伴和外方经理也都来上海参加开幕仪式，来见见新的大老板Tim，顺便开个董事会。

同时出席的，还有负责支援开店、东南亚区负责营建设计的几名同事，他们都是新加坡人。在我与这些同事聊天的过程中，搞清楚了中国开肯德基的来龙去脉。

肯德基来中国内地开店，是王大东先生早年向肯德基总部提的建议，他那时还在美国加州做温蒂汉堡（Wendy's）的加盟商。美国总部觉得他还不错，而且当时也没有人懂中国，就委任他来筹备。他跑到北京找了三家单位，包括北京市畜牧局、旅游局和中国银行北京分行，一起成立了北京肯德基，并且在1987年11

1989年12月，上海第一家肯德基外滩东风店开业

月开出了第一家肯德基餐厅。因为是中国内地的第一家西式快餐，震动了全世界。由于餐厅地处离天安门不远的前门，门面又非常大气，开业以后生意非常好。

当时的新加坡加盟商有了法律麻烦，必须出售新加坡资产，肯德基国际部就接手了新加坡肯德基，并且把新加坡和周边市场（原来归澳洲肯德基管理）组成了东南亚区交给王大东管理。因此，新加坡的团队才被指定来支援北京肯德基。

但不知为何，等到要开上海肯德基的时候，新加坡团队没有人愿意来中国,王大东自己也离职了。留下的 Daniel Lam 就只能在他熟悉的香港随意找了两个还能说普通话的肯德基员工,一个出任上海总经理,另一个到北京肯德基接营运经理,再把有经验的北京营运经理调到上海支援。

我见过新加坡团队后就见了当时的上海总经理,此人一看就是什么都不懂。另一位是由北京调到上海的营运经理,也不太行。

我一路观察 Daniel 先生,完全不知道他在想什么。从早上的记者会开始,他就是不停地对外吹嘘自己。听 Tim 说 Daniel 还曾经拿辞职威胁公司,一副没有他就不行的架势。

我不需要太多思考。这个情况必须当机立断,否则就全乱套了。

于是我自告奋勇,请 Tim 任命我为中国肯德基的暂代总经理。没想到,这一"暂代"就是 26 年,一直到我 2015 年退休。

我拿到任命后就立马开始大刀阔斧地整顿人事。当天晚上,我先找到 Anthony,请他务必留下来,不但如此,还要请他兼任一段时间的上海总经理。他临危受命,很仗义地答应留下来帮我一段时间。他之后成为亚太区很重要的管理人员,去了泰国做营运总监。

第二天是地动山摇的一天。我代表 Tim 出席了北京肯德基董事会，向中方董事传达了我接替 Daniel 担任外方董事和 Anthony 留任的决定，并请他们容许 Anthony 暂时兼任上海总经理。中方董事们都惊愕不已，但也只能接受。

之后才是上海肯德基的董事会。我告知当时的董事长、合资伙伴上海新亚联营集团（今锦江国际集团）的副总经理吕九龙，我已经取代 Daniel 负责中国肯德基的工作。而且上海总经理已经由 Anthony 暂代。他怎么也没想到，就一个晚上，什么都变了。吕总后来成为我的良师益友，我们精诚合作，这是上海肯德基取得成功的一个重要根基。

我就是这样戏剧性地接管了肯德基中国市场这个"烂摊子"。

问题还不止这些。因为东风饭店肯德基店址不好，产品价格定得太高，上海首店的生意非常冷清。当时甚至有媒体发了《"肯德基"兵败上海》的新闻。我这个总经理刚上任，就要担心职位不保。

我一时也想不出什么好办法，只能一步一步解决问题。我做的第一件事就是降价，而且必须是大降价，把购买门槛降到最低。

还好我得到了吕总的支持，董事会同意以促销的名义降价 30%。后来我接到电话，说上海的店门口居然排起了长队，我才松了一口气。

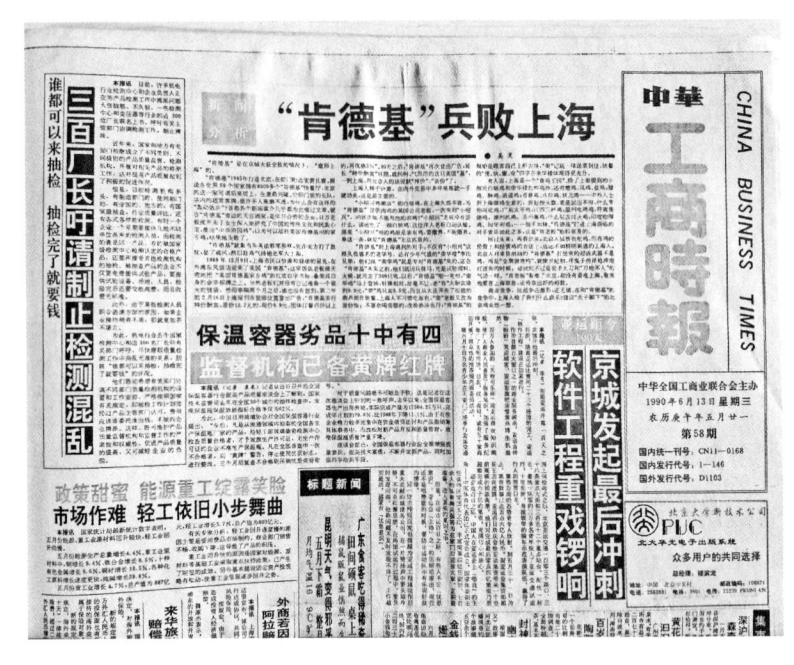

1990年6月,《中华工商时报》报道

在当时的大环境下,如何处理好中外合资关系是一项巨大挑战,想开新店也非常不容易。我揽上了一个马蜂窝。每次出差到北京和上海,我的胃都会痉挛。

快乐的亚太区市场总监

1990年春,我把家搬到香港,一住就是十年,直到2002年再次搬家到上海。

上海肯德基的危机解决后，我就开始通过猎头找人。有几个职位空缺要补，一个是北京的总经理，一个是上海的总经理，再一个就是我暂代的中国市场的总经理。

最适合做北京、上海总经理的，我认为应该是在台湾麦当劳工作过的人。同样是中国人，但台湾人还是比香港人或者新加坡、马来西亚的华人更懂得中国，更能与内地水乳交融。而且当时麦当劳代表西式快餐的最高水平，台湾麦当劳也是做得风生水起。

但是要挖现职的台湾麦当劳员工谈何容易。在他们眼中，别的品牌没有一个可以入眼。就算在美国，最多也是汉堡王勉强能够与麦当劳相提并论。

请不动现职的人，那就找已经离职的。我顺利找到两位台湾麦当劳的最早期员工，施逄年和林威雄，分别请他们担任北京和上海总经理后，我才同意 Anthony Leung 回新加坡了。但能够接任我的人实在难找，反正当时内地只有四家店，一年能新开两三家店就不错了，所以我就先代管着，但主要精力还是放在亚太区其他市场。

那个年代，亚洲经济蓬勃发展，肯德基的几个市场都做得很好，而麦当劳因为坚持自己那一套，导致成本奇高，发展很慢。再加上亚洲人一般吃鸡肉多于吃牛肉，而且鸡肉价格便宜，所以给了肯德基天时地利的发展好机会。我特别佩服马来西亚和印度尼西亚的两位肯德基加盟公司的总经理，一位是 Dato George Ting，另一位是已故的 Dick Gelael，他们都是我学习的榜样。他们对消费者的洞察与掌握和对营运标准的坚持，都对我有莫大启发。

Dick 的年纪比我大，待我如己出。他还开了印尼最大的连锁超市，遍布各地。每次他去不同城市，都会带着我深入了解各级市场。我们经常带瓶白葡萄酒，坐在肯德基店里，边喝边观察消费者。Dick 的个子比我还高，人很瘦，再热的天也是一身牛仔夹克和长裤，非常帅气，又和蔼可亲，对待员工像大家长一样。

George 则是我见过最懂得行销和开发的品牌打造者（Brand Builder）。他有一支非常强大的团队，几个成员都非常忠诚而且能干。在 George 领导下的马来西亚肯德基是碾压式超越麦当劳好几倍的存在，而且他们还把肯德基开到了村庄（Kampong）里。肯德基门店在马来西亚的密度远超世界上其他国家和地区，这非常了不起。

我去市场巡视的时候，基本上都是在向这几个优秀的市场学习，吸收养分。这些经验对我后来打造中国肯德基非常有益。而我能帮上忙的，则是泰国、韩国、菲律宾等市场。另外还有几个市场的肯德基表现不好，都面临着是否要与加盟商续约的问题。

Tim Lane 基本上不会管这些具体工作，就由我来管华人市场，财务总监 Art Rautio（阿特·劳蒂奥）则负责英文市场的工作。我也因此有机会学习如何与一些大公司打交道，例如香港地区的太古集团、泰国的正大集团和中央洋行集团（Central Group），以及台湾地区的统一集团。

如何逼着加盟商正视肯德基的问题，如何进行加盟续约的谈判，甚至解约另起炉灶……都是我人生的新经历。虽然辛苦，但我受益良多，也对如何选择、管理加盟商有了深刻的学习与见解。

绝大多数时候，我还是很高兴地不停走访市场，因为这样可以看到不同团队，从不同促销活动中获取不同的经验。一般情况下，肯德基的促销活动，上午才上广告，中午在店里就能看到结果——消费者的反应非常及时。本地团队只能看自己的市场，而我可以同时观察十几个市场，因此练就了我对消费者反应的精准判断。直到今天，我看品牌的广告和行销策略时，都能基本准确地预判其是否有效。

等到 1992 年春，中国迎来改革开放浪潮的时候，我已经准备好了。

04

小平南方谈话，一切都变了

从一年一家店到遍地开花

1976—1978 年，我在 Penn State 读书期间，有一些从中国香港和台湾地区来的学生读《毛主席语录》，还向学校租了一块地，向农民学习种植果树。而我则花了大量时间在学校图书馆，那里有大量中文藏书和报刊。我读了马列主义相关书籍、《矛盾论》，还有鲁迅、巴金、茅盾的小说。当时学校里还没有来自中国内地的学生。

等到 1981 年我再次赴美，沃顿商学院虽然还是一个中国内地的学生都没有，但宾大的其他学院，尤其是大学部，已经可以看到中国内地学生了。

我在美国学校里读的这些书和大量积累，为我之后来中国内地工作打下了坚实的基础。

1989 到 1992 年期间，肯德基中国的业务进展缓慢，乏善可陈。每年北京、上海只是象征性地开一两家店，所以我也意兴阑珊。

但是到了 1992 年春天，一切都变了。

我还记得那年我在香港，看到小平同志发表了南方谈话的新闻，我马上意识到我这个暂代的中国肯德基总经理也许将成为我的正职。中国这条巨龙终于苏醒了。未来全世界的快餐市场重心，将由美国逐渐转向中国，虽然我不知道这还要多长时间，但我知道一定会发生。

中国内地一夜之间，激发出了所有蓄积已久的能量。全国每一个省份、每一个城市都在琢磨怎样抓住时机，快速引进外资。

其他产业需要的前提和条件更复杂，相比之下，开家肯德基餐厅似乎比较容易。而且肯德基已经家喻户晓，知名度也很高。我在香港办公室的电话从此响个不停。我的助理不停地给我递小条子，告诉我从南到北、从沿海到内陆，每个地方都有人，一般是外经委或市领导，打电话诚挚邀请我去考察，全力为招商引资开绿灯。

我面临的问题就是：怎么做？做多少？

这之后的几年，是在中国快餐市场奠定龙头地位的关键时期。谁能够成为消费者心中的第一快餐品牌，谁就有机会占据主导地位。

我们虽然比麦当劳抢先进入了中国最重要的北京和上海两个城市,但麦当劳绝不是弱者,它对中国的重视也远远超过对东南亚,因此抢先进了深圳,之后在北京和上海也大有后来者居上之势。

两家拥有完全不同历史背景、不同理念的公司,在不同领航员的带领下,面对同样的时代和机遇,做出了完全不同的抉择,从而走上了不同发展道路。

我很欣慰我没有辜负山德士上校创立的"肯德基"这个美味品牌,一路把这个"唐僧"送上了西天取经之路。

机会来了,责任也来了

我这个人天性懒散,凡事能不自己动手就不动手,总是尽量找别人帮忙。我还美其名是每个人各有专长,应该人尽其才,各有所司。但我有一个特点,就是关键时候知道不能因为懒而耽误了大事。所以如果一件事看来非自己动手不可,或是这件事不做迟早还是会回到我这里,那我就会全力以赴,趁事情还不大的时候,赶快解决,以免养痈成患。慢慢地,我发现这个方法非常好,还给它取了个名字叫"赢得偷懒的权利"(Earn the right to be lazy）。

或许因为我曾经亲身经历过中国台湾在六七十年代的经济大爆发，所以我对中国人的能力与潜力充满了信心。

小平发表南方谈话，代表中国人已经准备好了，万众一心地迎向不确定但势必更加美好的未来。

当时我们公司里的美国人，包括美国总部、亚太区的老板和同事们，他们或许不明白这其中的意义，但我非常清楚。一个全球前所未见的伟大市场，将逐渐在我们眼前呈现出来。而我将在其中扮演一个重要的角色——肯德基在中国的领航人。

我还记得自己当时读着新闻和相关文件时的感觉。那真是全身流过一阵暖流，仿佛"天将降大任"一般。不管历史上麦当劳在美国、欧洲的市场有多厉害，但与未来的中国市场相比，都将相形见绌。这将是我人生中不可复制的一个机会。我何德何能，能在历史长河中有这样的机遇和位置。

但是机会越大，责任就越重，我可不能辜负上天赐给我的这个机会。尤其在我之前，日本的 Shin、印尼的 Dick 和马来西亚的 George 等人都已经证明，如果妥善经营，肯德基完全可以打败麦当劳。

所以，我要做的不只是把肯德基做大做强，还要能够与麦当劳正面对决，并取得全面胜利。

理想非常丰满，现实却非常骨感。我单枪匹马，又不是餐饮科班出身。虽然做过品牌，但隔行如隔山。我如何才能挑战餐饮业的巨头、看似毫无弱点的麦当劳？

马上就要起飞，对手也已整装待发，而我连架像样的飞机都没有。我只能弄架拼装飞机先仓促上阵，再一路上边开飞机边换引擎和装备。

我真正的西天取经之路，就这样开始了。

全力找人的那几年

肯德基在中国的前几年，虽然没开几家店，更谈不上什么品牌行销，但仗着是美国品牌、现代西式快餐，老百姓还是愿意来消费。大家纯粹把它当作开洋荤，与快餐的功能性完全没有关系。甚至有人来肯德基办婚礼，把肯德基当成了高档场所。当时店虽不多，但生意还不错，尤其是上海的人民公园店创造了纪录。我们接管了人民公园原来经营失败的两家中餐厅，然后把建筑连接起来，重新打造了世界上店面宽度最长的一家肯德基餐厅。这家店面朝南京东路的一面，我们全部装上招牌灯箱，当晚上亮灯时，蔚为壮观，成为当时沪上一景。相信许多上海人都有在人民公园店排队吃肯德基的美好记忆。

1991年5月，上海第二家肯德基人民公园店开业

至此，开店已经不是一件难事。各地政府都愿意积极配合，房东也希望用我们的品牌吸引人流。而我唯一的难题，是没人。

需要多少人，这和进多少新城市以及开多少店直接相关。

麦当劳的思路向来都是先从最重要、最大的城市开始，等到基础稳固后，才会向二、三线城市扩张。这样一来就能保证供应，对人力的要求也能得到满足。

但是中国市场太大了。如果单靠北上广深几个市场，可以接触到的消费者将非常有限。我如果想尽快把品牌铺开，就必须尽量多进市场，多开店，齐头并进。但问题是，到底多少才合理？

1991年5月，苏敬轼在上海肯德基人民公园店开业典礼上致辞

我找到上海肯德基的中方董事唐杰予一起商量。当时老唐是新亚集团的开发部经理，人精明能干，负责新亚所有对外合作项目。

老唐的年纪比我大，即将退休，但他身体极佳，健步如飞，而且见多识广，足智多谋。于是我请他加入肯德基做我的参谋。

老唐和我摊开中国地图，依据人口分布、经济发展与潜力、交通便利等因素，把中国区域拆分成15个市场。这个拆分并不完全依照行政区域，而是从如何方便我们管理的角度出发。然后我们再依据每个市场的重要性和可行性，确定了优先顺序。

有了这个蓝图，我们就可以按着顺序选择合适的合资伙伴，然后成立新的合资公司。我们将给每个合资公司派去两名外方人员，担任总经理和营运经理，然后再招聘几名当地员工负责财务、人事、采购、工程维修。这样，一个自给自足的BMU就成立了，这在当时是最快速便捷的方法。

策略定了，人去哪里找？除了当时已经有的北京、上海两个BMU，我还需要招13个市场的外方管理人员，那就是近30人，另外还要逐步建立一支支援他们的团队。我当时是光杆司令，用的是人少得可怜的亚太区支援团队。这项人才需求极大的光荣任务，我必须在两三年里完成。

面对这么一项大工程，而肯德基自己没什么人才，我必须另起炉灶。

好在我已经有了施逢年和林威雄两员大将。我就把台湾麦当劳团队列为招募的第一优先对象，透过他们把自台湾麦当劳成立以来所有营运经理以上的人员全都调查清楚了，特别是那些优秀的人才。

这其中关键人物是韩骥麟（Eric Han）。Eric 是一名很聪明、很有胆识的大将。他当时已经离开麦当劳去了泰国卜蜂集团的台湾分公司。1991年初，我与 Eric 见面后谈得很投缘，但当时他的太太谢安宜已经有孕在身，所以他对于来内地工作有诸多不得不考虑的现实因素。

安宜也是台湾麦当劳的大将之一,当时负责营运培训。我记得那年我和 Eric 在台北桃园机场见面的时候,安宜也在场。我们一起讨论 Offer 的时候,安宜加入进来提出了几个问题。她直言我给出的条件吸引力不大。考虑到当年他们夫妻俩在台北工作稳定,再加上安宜的身体状况,我把 Eric 请到内地工作,让他们两人分居两地的确不合适。那会儿,我就动念,最好把安宜也一并请过来。我认真解答了安宜的问题,承诺我能力可及的条件。在安宜的支持下,5月 Eric 到香港办公室报到;并在年底出任上海肯德基总经理。第二年,我终于又请到安宜加入,坐镇香港,让我的后台办公室也有了自己人。他们夫妻的加盟解了我的燃眉之急。

之后的两三年间,我几乎每周都会飞到台北,把我想请的人一个个约出来见面聊天。大家先交个朋友,毕竟去内地工作不是简单地换个工作。而且从麦当劳到肯德基,心理关卡也是不容易迈过的。

好在,我有很多拉动因素(Pull factors),而台湾麦当劳也有不少推动因素(Push factors)。

拉动因素方面,PepsiCo 是超大型跨国公司,待遇也不差。而我本人又是台湾人,与大家没有文化差异,而且我能做主拍板，一切决定都很有效率。同时，我也让他们认识到，留在麦当劳可能永远都是照着那套规章做事，而加入肯德基可以把毕生所学在一个更加自由的舞台上施展出来。

推动因素方面，则是麦当劳自身存在诸多问题。

在这样的大环境下，我的招募工作就慢慢有了突破口，再由口形成面，到最后全面铺开。短短几年内，我招来几十名干将，再加上新加坡、马来西亚、中国香港和台湾地区肯德基志愿加入的几名成员，我居然把所有要开的BMU的人才都找齐了。

这一段历史是我人生中最感慨的一段经历。我何德何能，居然有这么多优秀的人愿意信任我，携家带眷漂洋过海，扎根大陆各地，与我一起打拼。这里面有太多的故事，实难在这本书里讲述完整。本书末附有中国肯德基总部、各BMU和必胜客初创团队的外方成员名单（个别人资料缺失），以此送上我的感谢。

用人唯才，不能死守跨国公司那一套

我这种招人的速度与灵活原则，完全不符合公司的规章制度。另外我不要求找来的人才具备英文说写能力，所以我不懂中文的老板Tim和HR同事也都无法参与面试等过程，省却了许多麻烦。

我刚开始招人的时候，亚太地区的 HR 就曾经坚持自己来面试。我当时正努力挖台湾麦当劳的一员大将——人称"南霸天"的唐惠良（Tony Tang），他当时负责麦当劳南区，是个公认的足智多谋、聪明绝顶的人才。我请 Tony 勉为其难地见见我们这位美国 HR 同事。结果 Tony 也毫不含糊，在去酒店的计程车上，Tony 发现司机能说几句英文，就请他客串翻译。司机的英文当然不会太好，三个人鸡同鸭讲。我这位老美同事最后也不敢拦着，竟然让 Tony 过关了。

唐惠良的加入让我的名气大噪。之后我再打电话约人，愿意出来看看我到底是何方神圣的人就越来越多。等到后来我把陆穗雯（Angela Loh）也给请来时，更是轰动业界。

小陆是麦当劳公认的第一战将，负责台湾中区的营运，与唐惠良同级，是绝对的巾帼英雄，深得众人喜爱。我约她见面只是先认识一下，过了一段时间后，我觉得交情够了才敢问她是否愿意来大陆工作。她告诉我她不想再做营运，想转行做市场行销。后来我才知道，她这么说是在委婉地拒绝我，因为她认定我一定不会同意一个没有任何相关经验的人去做这两个工作。但她没想到我再约她见面的时候，我当场就带给她一份 Offer letter（录用信），上面职位写着企划、采购主管，她有些傻眼了。小陆以为没有一家大品牌会让她这个外行去管企划。实际上在我看来，我从来不觉得企划有多深奥，只要能够虚心、用心去了解消费者，那些所谓的专业知识都很容易理解，谁都可以上手。小陆说她要再想想。

等到我们再次见面，我直接把 Offer letter 和签字笔递到她手里，小陆被我将了一军，只能乖乖签字并走马上任。后来，因为北京市场临时缺人，我又让她去管了半年，回到上海后她才全面开展企划和采购的工作。反正一切百废待兴，我就只能麻烦这位劳模能者多劳。

小陆后来成为百胜中国的首席企划官（CMO），是最优秀的品牌打造者，也是我打造中国肯德基品牌最重要的帮手。

我有了招 Eric、得安宜的经验后，更是内举不避亲。餐饮业本来就容易有夫妻档，毕竟他们的生活作息时间与一般人不一样，而且紧密的工作空间更容易碰撞出火花。前前后后我找来了好几对夫妻人才，一般先生去 BMU 工作，而太太留在上海总部办公室（1995 年成立）。我乐得市场与总部人才一举两得，而且如此一来员工情绪稳定，开会或市场支援的时候夫妻还能见面，互相理解和支持，促进了家庭和睦。

我这样的大举招募，终于在 90 年代后期趋于尾声。只要是好的人才，愿意离开台湾来大陆工作的几乎都让我挖光了。另外，美国麦当劳总部也终于惊觉自己的后院开了一个大洞，虽然努力补救但为时已晚。

我这种招人策略,在我的美国老板和同事眼中是不可思议的事情,所以各种质疑的声音纷至沓来。

我最后从台湾麦当劳挖到的两员大将,是当时职位只是区经理的张朝阳和王齐,我请他们二位分别出任苏州和青岛的市场总经理。在我看来,他们二人都是未来之星。但我的老板坐不住了,认为他们的职级太低。

Tim 终于忍无可忍,决心要找一位和我一样资深、懂中国市场的职业经理人,美其名曰做我的副手,实则是储备人才,以便在必要时决定是否阵前换帅。

Tim 找来的是极优秀的香港人顾浩钟(Benjamin Koo)。Ben 的背景与我相似,他是 MIT(麻省理工学院)的化工硕士,后来又去沃顿念了 MBA,是我的学长,再后来在美国大公司做企划,最后回到香港。

我其实很欣赏 Ben,非常欢迎他加入团队,并且希望他到上海总部坐镇,帮我管理一些功能部门。但是 Tim 非要他担任南区总经理,把几个 BMU 归在他手下,无非是希望他能找出自己觉得最对的发展方向。

这样一来,我的团队全都蒙了,不知该如何是好。Ben 也发现自己无兵无将,而且他也不是餐饮行业出身,在那儿瞎指挥也没人听。

我看这样下去也不是办法，就约了 Ben 在香港开会，这把我们的 HR 吓坏了，还以为我们会大干一架。没想到我和 Ben 两个人开诚布公地互相交心，Ben 后来完全理解我为什么会走这样一条与众不同的路。最后我们约定要永远保持充分的沟通，协调一致，Ben 也很乐意去上海做我的二把手。

后来，Ben 成为我信赖且得力的助手。由于他之前在跨国公司任高管多年，经验丰富，所以他帮助我们中国团队各部门的人才快速成长，还教会大家如何使用英文书写和交流沟通，他是所有人的良师益友。而我直到 2002 年初才常驻上海，这期间多亏有他。

感谢麦当劳的故步自封

我一直很庆幸自己能够在麦当劳的眼皮子底下招募到他们最优秀的人员，以其人之道还治其人之身，打造了一支战无不胜的队伍。

这里面固然有我做得对的地方，但我也要感谢麦当劳当年领导者的无知与自大。他们坚信自己赖以成功的那一套理念和方法，完全低估了我们的能力，以为我们不过是一群乌合之众。假以时日，他们大军压境，我们一定会做不过他们。

我还记得有一年麦当劳全球CEO来中国市场视察，被记者问到"为什么在中国好像打不过肯德基"时，他回了一句"KFC will mean kaput and finished in China"（肯德基在中国会一败涂地）。我当时读这篇报道时，内心偷笑，看来这位老兄还没看出自己的问题。

麦当劳确实厉害，他们以工业化的手段，把一个简单的汉堡＋薯条＋可乐的组合，利用现代工艺，搭建起强大的供应链，并以极大的成本优势推出极低的价格，让消费者反复光顾。同时，他们还完美地开发出高效的营运系统，让工作忙碌的现代人能够很便捷地解决用餐问题。他们也有能力以高价取得最好的店面，开出漂亮的店，让消费者远远地就能看到店招，还附有儿童游乐设施，让一家大小都能进店消费。他们通过得来速（Drive-Thru）的方式，让消费者可以驾车在专用通道直接点餐取餐，再加上与迪士尼的长期合作而开发出的各种小玩具，组成快乐儿童餐（Happy Meal）……这一整套组合拳，打遍天下无敌手，所以他们眼中哪有肯德基。

麦当劳当年进军国际市场时，也曾经考虑过是否要本地化，但在法国试验性地推出几款法式产品后，发现顾客并不买账，麦当劳因此得出结论，与其改变自己，不如教会别的国家的消费者如何过上他们的美式生活。

道理都没有错，但他们没有估量到，中国人虽然也喜欢很多美国的东西，但要谈到餐饮，那美国人可就差远了，而且这是根深蒂固的饮食文化，怎可能因为麦当劳就被同化了。

我自己是中国人，太了解这一点。我们的炸鸡虽然也是标准的美式食物，但老爷爷的神秘配方配上独特的压力炸锅，炸出来的金黄美食，就是会让人食欲大增，吮指回味。我们这种坚持在店内裹粉、新鲜下锅的美食精神，让我们的食物远远胜出麦当劳的工厂流水线生产出来再冷冻运输到餐厅进行复热的工业产品。我始终坚信，如果我们坚持并发扬光大这一优良传统，在餐厅最重要的关键——食物——胜出，然后在店面开发、营运、企划等方面也努力一把，完全有可能与麦当劳一较高下，甚至还能小胜。这样论总体品牌力，我们就可以打败麦当劳。

当然这个理念说起来容易，实行起来很难，但我们这群志同道合的伙伴们，硬是证明了上天不负苦心人。

麦当劳从未见过这种打法，开始怪中国人不喜欢吃牛肉，到后来怪中国人不开汽车，不懂得使用汽车穿梭餐厅……反正就是不愿意作自我检讨和改变自己。但最后实在落后太多，麦当劳才不得不模仿肯德基在中国店里开始裹粉卖起炸鸡，但他们没有压力锅，所以只有脆皮鸡。近几年，麦当劳早餐才开始卖中式产品，学着我们卖油条豆浆了。

感谢中国消费者没有迷信麦当劳，给了肯德基机会。而肯德基也证明了自己能够"为中国而改变"，成了中国最大最成功的快餐品牌。

05

从 BMU 的自求多福到 BU 的全国一盘棋

养兔子战术，多市场同时发展

我一方面从台湾地区、香港地区网罗能人，从新加坡、马来西亚等招兵买马，另一方面逐步按规划建立新市场，它们依序是：

1987 年　北京市场（负责北京、新疆）

1989 年　上海市场

1992 年　南京市场（负责江苏、安徽，不包括苏州、无锡及周边）

　　　　广东市场（负责广东，不包括深圳、珠海、潮汕）

　　　　杭州市场（负责浙江）

1993 年　苏州市场（包括部分苏北）

　　　　无锡市场（包括镇江）

	青岛市场（负责山东、河南）
1994 年	天津市场（负责天津、河北、内蒙古）
	福州市场（负责福建和广东潮汕）
	成都市场（负责重庆、四川、云南、贵州、西藏）
	沈阳市场（负责东三省）
1995 年	武汉市场（负责湖北、湖南、江西）
	深圳市场（负责广东的深圳、珠海和海南、广西）
2004 年	西安市场（负责陕西、山西、甘肃、青海、宁夏）

这样的布局或许令人不解，尤其是为什么把苏州和无锡单独列出来？这其实是老唐的眼光独到。他一再劝我千万不要低估长三角，尤其是苏锡常的潜力。我对中国的历史和地理还是略知一二，到现场考察后，同意单独开设苏州、无锡两个市场，而常州还是由南京市场负责。

建一个市场团队，就是成立一个 BMU，多一个功能自足的管理队伍。这个概念与当年我们 PepsiCo CEO Wayne Calloway 的管理理念有关。他经常会以养兔子为喻，鼓励不要局限于一家一家店去发展，而是应该多筑几个兔子窝，一养就是一窝兔子。

苏州虽然不比一个省份，但它的经济消费各方面都发展飞快，我们有专门的团队经营，很快就把苏州各重要商圈全占了。

等到麦当劳腾出手来时，发现我们早已排兵布阵，严阵以待了。

这样的打法很快扩大了我们的领先优势，麦当劳因而陷入被动。他们MCDC（McDonald's China Development Corporation，麦当劳中国发展公司）的人才有限，必须向其他市场借将，那只能分封"领地"，让这些加盟商都来分一杯羹。香港加盟商早就拿下珠三角；台湾地区麦当劳负责福建；而新加坡麦当劳就去了武汉。麦当劳在中国的布局变成"诸侯"并列，各有各的考量与战法。一直到多年以后，麦当劳收购了这几家加盟商，整合了他们在亚洲的布局，从此麦当劳中国才有了一个真正属于自己的团队。

跑马圈地的时代，就是比速度。谁先进入市场，谁就有机会拿下战略高地。我们这段时间的冲锋陷阵，给肯德基打下了非常好的基础。消费者的第一次快餐体验都给了肯德基，而且我们店址、装修、营运、产品都表现很好。

这就叫占得先机。

见招拆招，逐步建立中国总部

当年我在中国内地全面布局，到处招兵买马，给新成立的BMU送去总经理和营运经理，同时给予他们极大授权，可以先斩后奏，不管招人、采购，还是开店，都可以自己做主，不必向我汇报，总之就是全力冲刺。亚太总部如果有人质疑或刁难，都由我负责解决。

正因如此，大家都撸起袖子干得热火朝天。好在生意很快就红火起来，消费者慢慢地开始知道肯德基，也有机会在一二线城市亲身体验，等肯德基去到他们城市或所在商圈的时候，消费者早已期待多时。

因为我们做出了成绩，总部也不好啰唆什么。但我自己心里清楚，这样乱无章法的发展与我期望的高水平管理，还相差十万八千里。

我们作为全国大型连锁经营的品牌，当然不希望在每个市场都设置全套功能。只有打造出一套全国通用的营运标准和供应链体系，才能提高效率，降低成本。

所以初期的放权，最终还是要收回来的。

但收权就意味着要有人能接下这个重担，帮各市场解决因此产生的各种问题。所以必须建立一个中国总部，独立于亚太总部之外。

到了1995年，时机已经成熟。我已经有安宜、小陆这样的人才，于是在上海正式设立了总部办公室，地点就在淮海路上的伊势丹商务办公楼。

安宜负责支援和满足营运上的需求，如培训和餐厅流程、标准的制定；小陆则负责企划、采购和品管（Quality Assurance，QA）。

当年，采购是最大的挑战。那个年代，国内几乎没有现代化养殖业，只有少数几个省，如山东、东北等地的几家供应商可以按照我们的规格供货。所以每个 BMU 都抢着买，甚至是总经理亲自出面斡旋、谈判，才能保证足够的鸡肉供应。因此兄弟之间也会为此干起架来。

小陆的兴趣不在采购。我就另外请了周白苹来负责鸡肉采购。她那几年非常辛苦，要说服各个 BMU 老总放手，然后把采购量集中起来，再与供应商谈判，还要妥善安排送货的优先秩序，让大家都能有足够供应，非常不容易。

上海总部就这样一个 SKU（Stock Keeping Unit，库存单位）接一个 SKU，除了文具等极少数项目，慢慢把大部分品类的采购权都收回了。此后，我们又陆续强化其他总部功能，一步步收回决策权。

到了 1997 年，整体架构基本成型，中国肯德基的管理才真正步上正轨。

职能转换，收权赋能

相信大家都知道"杯酒释兵权"的故事。

我在建立中国总部的过程中，不止一次有人跟我说，我招的这些 BMU 老总，都已经习惯了大权在握，不可能会乖乖交出决策权。我如果一意孤行，只怕会失去很多兄弟。

我对这些善意的忠告一笑置之，不多加争辩。我心中清楚，这一定是个巨大的挑战，但这项工作必须推进。在随后的几年中，我不断告诉这些 BMU 的总经理们，如果总部工作的功能到位，做得比市场好，那为什么非要自己亲力亲为呢？

我告诉他们，我招人的阶段任务已经完成，接下来就是全力管好总部的各功能，也承诺他们如果有任何不满，都可以找我帮他们解决。

我一直向他们灌输一个观念：让专业的人做专业的事。做甲方客户，总比自己做事更轻松，何乐而不为？

当然，这件事情的关键就是总部的这些功能一定要做好，让人心服口服。

所以我开始找最好的人才进总部。有些功能必须由有第一线经验的人来完善，我就在市场总经理中选择对这方面有兴趣的人，调到总部做负责人，如上海肯德基的韩骥麟来负责开发，福州市场的区永昌（Alvin Ow）来负责设备采购等。后来，我们还陆陆续续地把一些资深的总经理调到上海负责一些新设的部门。他们懂营运，有经验，回过头来服务市场，就更加得心应手，同时，市场的老总位置也可以传给后起的年轻人。

至于那些需要专业技能的职位，我就对外招募最适合的专业人才。随着品牌的快速发展，肯德基的名气越来越大，我们招到的人也越来越好，公司发展进入良好的正面循环。因为有了强大的总部支持，各个BMU也没话可说。整个中国肯德基的管理体系，一步步规范统一，各BMU也完成了向BU（Business Unit，事业分部）的转换。

再后面，就是逐步发挥团队力量，把各个职能都能按照理想打造成世界一流的团队，来支持我们打造世界一流公司的愿景。

合资公司转换成直营市场

我们希望做到"全国一盘棋"，但不得不面对一个现实挑战。原来开的合资公司，中方派驻的"副总经理"，什么事情都要过问，而我们哪有时间一一做解释？

我们必须要想个办法跳出这个约束。

按照当时的规定，餐饮行业不容许外资独资经营，所以北京、上海肯德基全是合资公司，1992年成立的南京、杭州、广东和1993年成立的苏州、无锡、青岛等地的肯德基也都是合资公司。虽然我很不愿意看到这样的结果，但也没有办法。

1993年的冬天迎来转机。南京的第一家肯德基店，虽然开在最热闹的夫子庙，但门可罗雀，入不敷出。我曾去考察了一次，发现南京市民还不知道肯德基，只知道那是西式餐饮，到了门口不敢进去，担心太贵，又怕不知道怎么点餐、怎么吃，到时候会很没面子。我们虽然在门外放了餐牌，写上价格，但在来来往往的人流下，消费者也没法驻足观看，无法解决问题。当时最好的办法就是选择一个更合适的商圈，再开一家店。这么一来，就必须股东增资，而我们的中方伙伴没有钱。他们都不太懂餐饮，看到生意不好，就觉得自己上了"贼船"，懊悔不已，更别说再想办法增资了。我和当时任南京总经理的唐惠良配合，向代表中方伙伴的董事长表态，要么增资，要么就把股份卖给我们，而且我愿意原价买回股份，绝不让中方股东亏损一毛。他们也没有更好的办法，于是签字同意。我们赶忙找到相关部门办理手续，把南京肯德基变成了外商独资企业。这对我们后期推动做独资公司的计划，绝对具有里程碑意义。

南京公司的问题解决了，但后面要开的公司，如何让当地政府也给开绿灯？

天津就是最好的机会。天津和北京、上海一样也是直辖市，所以审批权下放到区一级。有了南京的先例，天津的谈判工作进展还算顺利。天津肯德基是真正意义上的我们开出的第一家独资公司，从此后面再开新公司，全部都是独资公司，我们派去的总经理就可以全权做决定了。

后续，我们又将青岛、广东公司一一收回，虽然每一个谈判都不容易，但最终还是成功了。

最难的是北京公司增加股权的谈判。但我很强硬，甚至做了关店的准备。最后的结果是我们完全控股，只同意给中方保留一个工会主席（仅限经理级别）的名额，但必须由我面试通过，同时还要有实际任职。一场轰轰烈烈的股权掌控大战终于结束。

管理的问题解决了，我就把第一战将唐惠良派去北京，他大刀阔斧地进行团队整顿。在他的带领之下，北京公司营业额、利润都大幅上升。虽然我们中方伙伴的股份减少了，但分到的利润却不减反增，几名中方代表都成了英雄。

现在回想，当时我的胆子真够大的，但没办法。如果不过这一关，未来的发展就会被掣肘。长痛不如短痛。

1999年，上海的合约也到期了，我就与新亚谈判。因为双方合作愉快，中方同意撤回副总，我们顺利拿回管理权。接着，苏州、无锡和杭州公司也都一并照此办理。2000年前后，所有的BMU都变成了我们的BU。

最后留下来的中方伙伴，都是肯德基的好朋友与支持者。他们对当年引进肯德基并成为中国肯德基大家庭的一员而自豪。

健全总部功能,迈向"世界第一"

我们在 1995 年设立上海总部办公室,逐步调整职能,扩充人手。到了 1997 年,总部办公室已经初有雏形,具备了各项基本功能。此时,各功能部门和所有市场总经理都要向我汇报,我哪能顾得过来?而且我也不能一切独断独行,让美国和亚太总部不放心,所以我必须主动找人来帮忙。

之前 Tim Lane 找来顾浩钟帮我,给了我启示。我决定再招一两名这样的资深人才。

我的运气实在不错,很短的时间里又请来两位大神,和我与顾浩钟同岁,都属龙。于是我们"四龙治水",一起分担管理职责,这对我们缺乏世界一流管理经验的年轻伙伴们,起到了非常好的补足作用。

我找来的第一位,是韩定国(Joseph Han)。Joe 在台湾大名鼎鼎,台大政治系毕业,与我同届。Joe 为人热情、风趣,很有才华,英文也是一流。Joe 本想走从政之路,但后来还是转投商界。他是台湾麦当劳的第一批送到美国培训的高管,后来又做了台湾汉堡王的首任总经理。

对我来说,Joe 远比我有名气,是真正的行业专家,怎么可能会屈就于我?但或许是 Joe 看到了肯德基在中国发展的前途,知道我在找资深的合作伙伴,就毛遂自荐,通过韩骥麟来找我。我受宠若惊,征询了大家的意见,发现Joe的这些老下属对他的评价都非常正面。

Joe加入后分管营运,这是他的强项。他抱着极大的热情,走访每一个市场、每一家餐厅,想办法认识每一位餐厅经理,鼓励他们每一位成为如虎般的战将。我们的员工非常受鼓舞,Joe的确懂得如何带动团队。Joe之后和我密切合作,一直到他退休,是我一辈子的好战友、好兄弟。

最后一条龙是刘国栋(Warren Liu)。Warren在台湾出生,自小去了美国念书,后来进了哈佛商学院,是一名妥妥的学霸。他之后在几家著名的跨国公司担任要职,还做到了万事达(Master Card)亚太区的总裁。Warren也是看到了肯德基在中国的前景,愿意协助我和我们团队完成使命。

只可惜Warren的管理理念与我不合,他做事讲究章法,比较保守(Old school)。别看他在美国长大,但骨子里比我们都传统,个性也很率真,不喜欢有灰色地带。而我一切讲究灵活思考,实事求是做决策。当我把创新目光投向他负责的后勤采购,开始大刀阔斧地挑战传统采购思维时(后面有专章论述),Warren完全无法接受。

Warren与我们一起工作了四年,尽心尽力地培养年轻人,很受尊重。他离开以后，用英文出版了 *KFC in China* 一书，销量很好。

"四龙治水"以后，我又招募来一批资深帮手，如从中国台湾来的负责财务的谢慧云（Lily Hsieh）、从中国香港来的负责人力资源的罗淑莹，以及后来管后勤的美国人 Joaquin Pelaez（裴华庆），他们都是非常优秀的人才，再加上从内地招聘的优秀员工，我们每天都在思考如何不断创新突破，积累 Know-how。

这才是我们从筚路蓝缕迈向"全中国乃至全世界最成功餐饮企业"的关键转变。

06

餐饮的基础在营运

餐厅经理第一

我一直不敢说自己是餐饮人，我只是一个职业经理人，而且是学院训练出来的，又在 P&G 受到完整的企划培训。按道理，我当掌舵人应该最重视企划。但我到了肯德基，发现餐饮业的品牌管理绝对不能像快消品那样，只看重企划，而忽视其他功能。这个行业的所有消费者体验几乎都是在餐厅端完成，所以营运才是餐饮业的硬道理。这也是为什么麦当劳坚持所有资深管理人员都必须出自第一线——这是有道理的。

我自己不是一线营运出身，那就需要找最强营运出身的人才。这也是为什么我接任中国肯德基总经理后的第一件事就是去找做营运的人，而且是最厉害的人。

David Novak（大卫·诺瓦克）是 1997 年百胜从百事集团拆

分独立后的第一任总裁,他考察了沃尔玛的成功经验后,提出了 RGM#1(Restaurant General Manager #1,餐厅经理第一)的概念。这个概念与我的理念不谋而合。我就开始深入思考,如何把这个概念彻底地实践到我们的日常管理当中。

RGM#1 不应该只是一个口号。RGM 确实是营运管理中最重要的岗位。他们带领餐厅员工,奉行公司所有标准和要求,还要招募和训练员工,同时服务好消费者,甚至还要代表公司成为当地社区的重要成员。后台其他人的工作再好,如果 RGM 做不好,都没用。我们的所有设想和作为,都要依赖每个 RGM 落实在每一个工作细节中。

我们为此重新设计了 RGM 的培训计划和工作职责。员工必须从基层做起,经过一步步考核,最后还要得到上两级主管的认可,才有可能升迁为 RGM。

我们同时将区经理的英文职称改为 Area Coach(AC),彰显他们最重要的任务——帮助 RGM 成为合格的餐厅经理。我们绝不允许区经理自己去做超级餐厅经理(Super RGM),遮掩不达标的餐厅经理。

为了避免用人唯私,Area Coach 不能决定 RGM 的升迁调度,而是把这个权力交给再上一级的区域经理(District Manager,DM)。肯德基的 DM 大多在公司有六到七年经验,资历与成熟度都够，是我们最信任的一群营运骨干。为了保证他们的营运管理质量，任何人升任 DM 必须得到 RSC（Restaurant Support Center，总部）营运副总裁的认可，而且需要先做一年的 DMD（DM Designate，见习区域经理），先管少量的店，待考核过关后才能正式升任 DM。

为了保证上传下达，我们还规定所有的双向沟通都可以越级，绝不要求层层汇报。总部的一切指令直接给到 DM，而 DM 的指令直接给到 RGM。虽然肯德基的店数早就过千，但全国这么大一个组织，还是可以机动灵活，协同一致，令出必行。

为了彰显 RGM#1 的理念，我们还推出了 RGM Forum（餐厅经理座谈）。每六个月，市场经理必须带着所有市场负责支援餐厅营运的部门，如企划部、工程部和公共事务等部门，与所有餐厅经理座谈，并接受 RGM 的质问，保证及时解决所有提出的问题。而这些座谈会的记录和对 RSC 的建议，都必须上报到 RSC 的相关部门，并及时做出答复。

同时，为了让 RGM 能与公司高层互动，并且慰劳他们，我们每年都要办一次盛大的 RGM 年会。我们会选择一座美丽的城市作为这个年度盛事的举办地，包下当地最好的酒店。所有 RGM 除了有机会听取公司高层主管的演说与将来的规划，还将受邀参加一个盛大晚会，见到他们最喜爱的偶像和演出。

餐厅经理年会上大家做"YUM Cheer"

这个特权只有 RGM 才有。每个市场只有 MM（Market Manager，市场经理）能带队出席，DM 和 AC 都留守看店。我们会另外针对他们的需求，每年为 DM 和 AC 各自举办专场，但规模就小得多了。

我退休的时候，百胜在中国已经有超过 7 000 家门店，几乎每次开年会都要包下当地所有最好的酒店。现在更是超过了一万家，我们的年会都会成为举办城市当地的大事件，因为可以带动一方经济。

我曾经多次被劝告，是否能分区举办，或者隔年举办，但我都坚持了下来。大家辛苦了一年，齐聚一堂，一同感受百胜大家

2004年1月，1 000余名百胜餐厅经理齐聚长城

庭万众一心的能量，这是非常了不起也是给所有RGM互动打气的机会。每次看到这些青春洋溢、活力四射的RGM，我们就觉得办年会再辛苦也值得。

David Novak每次来中国都很感叹，自己全力推动的RGM#1，好像只有在中国被真正体现。我告诉他，多数人都只会喊口号，做的事没有任何改变。尤其在美国，RGM还误以为RGM#1就是指自己最重要，反而因此目中无人，就会指挥别人。而我在中国团队特别强调，RGM#1的意思是指RGM这个职位最重要，所以我们会非常严格地要求每一名RGM都必须胜任。

肯德基能开遍全中国,而且不管到哪里,标准都一样,靠的就是这些了不起的 RGM。

餐厅优化

做餐饮很不容易。要做到肯德基、麦当劳这样的快餐更是不容易。我常常说,要拿最好的店址,用最好的员工,还要卖最好吃的产品,却只能收很低的价格,这真是天下最难的活。我们必须把所有细节都优化到极致,而且随着品牌的演进、科技的进步,还要不停创新、不断改进。

麦当劳从一开始就非常注重营运细节。它作为快餐业的祖师爷,真正做到了分秒必争(听说还有人的头衔是 VP,Seconds)。但是肯德基的起源不是快餐,老爷爷的炸鸡、菜丝沙拉和土豆泥都属于正餐。只是后来有样学样,做成了快餐的服务形式,但速度和效率都差了一些。

所以,到底应该怎么管理肯德基,还有很多思考空间。

我当年请来一帮麦当劳大将,当然要用他们熟悉的一套管理模式,但这与肯德基原来沿用的模式大相径庭。两派人马争论不休,我看情况不对,就决定蹚一次浑水,尝试为大家解决争端。

我把大伙召集到一起,先问两家品牌的具体差异是什么,然后请大家投票，看哪一套模式更受欢迎，结果是 50∶50，不相上下。我只好耐着性子，一步一步拆解二者的不同之处和其中的优劣。其实两套模式都能用，但麦当劳的模式管得更多、更细，有点类似现代工厂的管理，什么都要测量，什么都要追踪；而肯德基的方法更像一般餐厅的管理，成本大致合理就可以了。

我分析了半天，确定大家都想清楚了，就请大家再投一次票，结果还是 50∶50。

事已至此，必须靠我做决定。我思考再三，做了决断，我们不能太过粗犷，但也不应该花太多时间去锱铢必较。我为了快刀斩乱麻，Earn the right to be lazy，从来不怕自己动手，就大着胆子，整合了一版我认为最合理的模式，与大家达成了共识。

这件事让我意识到，营运人员的诸多问题必须有专人帮他们积累 Know-how，解决问题，因此，我在总部成立了餐厅优化部（Restaurant Excellence, RE）。除了发展各种营运标准和训练课程外，RE 还要不停地优化餐厅的流程、动线，调整和开发新的设备，从而使餐厅能用最少的人手，达到最佳的结果。

之前提到的张朝阳，对餐厅营运非常有兴趣，也很有经验，我就找他出任 RE 主管。他找来许多非常优秀的成员，其中很多都是复旦大学、上海交通大学的学霸，每天都在琢磨怎么可以降本增效。我们也不断轮调市场优秀员工到 RE 部门工作一段时间。

这些人来自第一线，熟悉餐厅的实际情况。等到他们结束轮调回到市场，也清楚如何与 RSC 合作，构建了一个非常好的团队合作氛围。

我们在这方面的投入，也带动了设备供应商极大的兴趣与热忱。他们与我们合作，积极改进设备。我们的采购量也逐年加大，很快就超过了其他国家肯德基的总和。供应商纷纷到中国建厂，就更方便与我们的合作。

后来，百胜全球负责设备的 VP、美国人 Jane Gannaway（简娜薇）主动要求转岗到中国团队。Jane 非常专业，又非常谦虚，乐于助人，深受团队的欢迎。

我始终觉得，在 RE 部分做的投资，是最有价值的。

雇主品牌

员工招募其实是企业做强做大非常重要的一环，其道理显而易见。茫茫人海，什么样的人才是你最需要也是最能与你志向相同的，又如何能让他们自动找上门来，乐意加入团队？

员工招募其实是一种品牌力的展现，只是这个品牌不是我们习惯思考的、从消费者角度出发的品牌。我们要打造的是从应聘者角度出发的"雇主品牌"（Employment Branding）。在他们眼中，我们的品牌要符合他们的需求。

不同职位，应聘者的需求不一样，所以"雇主品牌"也不能完全一样，这需要审慎思考。

很多企业都囫囵吞枣，只想到公司上层如何找到精英，完全忽略一线员工。认为铁打的营盘，流水的兵，谁来都差不多。至于比较重视员工关系的公司，又反其道而行，希望与员工能同甘苦、共患难，不离不弃。出于感情因素，勉强提拔员工，但实际上超出了员工能力；但如果不提升，又可能"留来留去留成仇"。

我非常重视所有家庭成员的发展，希望能留下所有好员工。但现实如此，总是有些员工不适合升迁，就必须割爱。只是很多管理人员觉得这些人都是一起打拼的伙伴，舍不得割舍，就逐渐形成了"万年店副理、店经理"的现象，美其名为"家有一老，如有一宝"，做起事来得心应手，好像没什么问题。但日子久了，就成了组织升迁管道的瓶颈。年轻优秀的人上不去，他们自己一直坐在那个位置上也尴尬。

因此，我们重新定位我们餐厅管理组的"雇主品牌"，就是"餐饮零售业的黄埔军校"。最初，我们先甄选大专以上学历、有志于餐饮零售业的毕业生，然后由培训生开始，经过助理、副理的阶段，再到学习如何成为一名合格的RGM。如果不能在三年内达成以上目标，就会被淘汰出局。但如果能成功晋级、取得

RGM资格，以后不管是在肯德基还是其他零售品牌，都会成为独当一面、众相争取的人才。

确定了管理组的流程和标准后，我们又重新讨论了服务组。我们刚进入中国的时候，都是面向社会招聘，来的都是一些刚从学校毕业的社会新鲜人。其实在国外，餐饮业很适合大学生来打工。他们不在乎钱的多少，而是可以呼朋唤友，一起学习如何进入社会，顺带着还可以赚些零用钱，家长也觉得这不仅能贴补学费，还能学习一技之长。另外，到这样有影响力的餐厅工作，也不会学坏，何乐不为？只是这些学生当然还是以学业为先，一到考试或课业繁忙的学期，就不能出来上班。因此，很多市场就以管理不易为由，减少对学生的依赖。此外，社会上也有很多人刚毕业，一时还没找到合适的工作，暂时来肯德基过渡也是个不错的选择。

我带着团队做了充分讨论，要求大家无论如何要执行"学生优先"的原则，除非所在城市没有这样的学校，否则要克服万难。这样做，不光对企业来说用工成本合适，更可以保证餐厅服务人员的年轻化。快餐业讲究热情与速度，这非常适合年轻人，也必须是年轻人。

我观察美国快餐业的发展，就是因为放弃了这个坚持，因此员工越来越老龄化，而且大多是新移民的社会边缘人，让餐厅的服务氛围越来越差，变成城市游民的集聚地。难怪白领的中产阶级都避之不及，宁可多花些钱，去些新兴的汉堡品牌，如 Shake Shack、Five Guys 和 In-N-Out。

我们还欢迎另外一群人来餐厅工作，就是已经退休的阿姨、叔叔们。他们要求不高，能够体谅年轻人，又有丰富的人生经验。虽然他们只能做些后勤、后厨的工作，如打扫卫生、备料裹粉，但他们是餐厅的一宝。

从百胜退休近十年，但我每次进店，都还觉得品牌依然焕发着青春的气息，一代一代的年轻人在人生最重要的阶段，接触到肯德基。他们虽然待的时间不长，但对品牌都有着特殊情感。

加盟和彩虹计划

快餐业在全球几乎都是以加盟形式经营的。加盟主负责品牌的发展与支持，加盟商负责门店的经营。加盟主不必自己投资，收取营业额一定的百分比，没有太大的经营风险。而加盟商只需要站在巨人的肩膀上，做好商圈和店面经营，发挥地主优势。大家各有专注，对双方都可以有很好的回报。

美国麦当劳基本全是加盟店，只是对加盟商要求严苛，而且只是把门店租给加盟商，可以随时收回并转租给下一个加盟商。

别的品牌没有那么财大气粗，都是让加盟商自己找地开店。美国的肯德基也是如此，而且加盟商的权力很大，总部几乎没有什么能力可以要求他们做重大投资。

我接手中国肯德基的时候，看过王大东先生留下的档案里面有他对中国肯德基发展的规划，他希望再成立两三个合资公司以后，就把中国市场交给加盟商去经营和发展。

我当然不认同这个计划。中国市场当时哪有人有能力去经营肯德基？我们自己都做得这么艰难，亲自打造了15个市场。但是美国总部总觉得应该试试加盟商这种做法，于是就选了一位在西安的台商孙先生做加盟，让他在西安试着经营肯德基。店刚开的时候，生意火爆，他也陆陆续续地开了很多分店。但他终究不能专心经营，而且经营管理出了很多问题。我劝他，让我们入股接手管理。但他由于各种考量，居然放弃了这千载难逢的机会。我们只能自己去西安开店，并且以西安为基地，扩张到大西北地区。后来孙先生发现其他投资都不成功，最后把店都卖给我们，黯然退场，十分可惜。

肯德基一直到2000年才开放加盟，为了保证成功，采取"不从零开始"的加盟策略，加盟商必须买下一家我们已经经营成熟的店，并且接受现有的餐厅团队。这样做对加盟商也是最大的保障。

即便如此，我们对加盟商的要求非常严格。他必须自己亲自经营，并且要先接受训练，达到一定标准，才能接店。还记得那些年，很多人通过各种关系，希望能"买个一两家店"，基本上都是抱着来挣钱、而不是经营品牌和餐厅的初衷。这与我们的理念完全不合。所以最初几年，成功加盟的比率很小。我的原则：宁缺毋滥。

随着中国营商环境的不断完善，越来越多的人有兴趣加盟。我们从主观上也有意愿把地理位置相对偏僻、管理不易，或商圈平稳的店，交给加盟商经营，所以每年的加盟店都有大幅增加。但相比而言，直营店的开发速度还是更快一些，加盟商的占比始终没超过20%。

后来我们决定开放员工加盟，第一批都是那些当年随我来内地打天下的老员工们。他们陆续都到了退休年龄，我为补偿他们当年以香港员工的身份入职，而香港的强积金（退休金）金额有限，因此我们制订了一个政策，可以让他们不必买店，而是公司帮他在他选定的城市选一个最好的商圈，我们帮忙设计施工盖店，他只要出成本价接手即可。这些资深员工当年身经百战，现在管一两家店都是小菜一碟，再加上所在的市场经理都曾经是他们的老部下，大家合作愉快。

肯德基的盘子够大以后，新店数虽然还是逐年增加，但人才培养已经完全可以跟上。我们培养出来那么多人才,也要为他们安排更多出路。因此,我们推出了"员工加盟"和"彩虹计划"两个方案。

一切达标,想自行创业的,可以申请"员工加盟"。我们用租店的方式,减轻大家资金的负担,还帮他们申请银行贷款。

想继续留在百胜发展的,可以申请"彩虹计划"。依据他们的兴趣、专长、志愿和市场或总部的需要,转岗到相应后台部门,如开发、营建等。

让热爱品牌、有一线经验的员工留在体系内发展,这才是真正的"关爱员工的大家庭"。

07

肯德基的品牌建设

六个大人宠一个小孩

肯德基刚进中国的时候,消费者还完全不懂什么是西式快餐,只知道这是美国来的品牌,自己排队点餐取餐后,找到空位坐下来就可以开吃了。对很多国人来说,这是第一次"开洋荤"。甚至有人盛装打扮来用餐,还有人在餐厅举行婚礼。

初期,我们没做过市场行销,也没有什么品牌定位,每天都是忙着解决营运、开发和采购的问题。菜单上只有八款产品——吮指原味鸡、菜丝沙拉、鸡汁土豆泥,再加上小餐包、百事可乐、啤酒和两款圣代。每个人点的几乎差不多,餐厅后台操作起来也简单。

当时肯德基的套餐的价格在十元上下,相较于中餐的价格要高出一些,所以工薪阶层的家庭都只能偶尔来打一次牙祭,多半人都舍不得花这个钱。

但是对小孩子来说，肯德基是他们的最爱。因为在肯德基吃饭没有任何繁文缛节，用手拿着就能吃。而且原味鸡金黄香嫩，配上可乐、土豆泥，确实美味。因此，小朋友都会缠着大人带他们来肯德基，大人们也乐得以此为奖励目标，只要小朋友考试成绩好，就带他们来吃肯德基。

当时国内已实施独生子女政策多年，每个小孩后面都是六个大人在宠，大家轮流照顾这一个宝贝。所以我们餐厅也是宾朋满座，门庭若市。尤其到了节假日，更是大排长龙，有时甚至需要等上40分钟才能点上餐，愣是把快餐吃成了"慢餐"。

美国麦当劳创造品牌的时候，就认识到小孩对家庭用餐选择的重要性，因此每个店都会单设儿童游乐区，并特别设计快乐儿童餐，其中包括贴心的小份餐品和附赠的小玩具。另外，还有真人扮演的麦当劳叔叔会不时地出现在各种活动现场。如果小朋友来餐厅办生日餐会，他也会出场表演。

于是我把陆穗雯请来负责企划，她的才华从此派上了大用场。

首先，我们把麦当劳的一套做法全部复制了一遍，在每一家肯德基里面设立儿童游乐区，售卖儿童餐，包括附送玩具。

小陆还更上一层楼，模仿马来西亚肯德基的成功经验，在每个店里设立接待员这个岗位，都由兼职的在校大学生担任，个个能歌善舞。她们经过小陆的精心调教，都知道怎么样招待好我们的小贵宾。我们没有麦当劳叔叔，可是我们有奇奇（Chicky），这是当年澳洲肯德基发明的吉祥物。

很多小朋友其实会被麦当劳叔叔的造型——尤其是那血盆大口——给吓到，但我们的奇奇平易近人，非常可爱，深得小朋友喜欢。

我们后来还推出各种贴心的创新举措，包括有收藏价值的玩具组合，以及各种推陈出新的生日餐会选择，受到了家长和小朋友的欢迎。另外，我们还会在小朋友下课后的时间，在餐厅门前，举办"带动跳"——由接待员小姐姐带着小朋友们一起，随着音乐跳舞、做操。因此，每天下午、晚餐前的时刻，肯德基门前都是一派欢乐景象。

我相信很多读者都还记得自己小时候在肯德基门口排队等待用餐的经历，这也是纯真童年里的一段美好回忆吧！

小孩终究会长大

我们做品牌的，当然不希望消费群体只靠小孩子，只是在当时的大环境，需要一个等待、培养消费习惯的过程。

我印象里，2000年，突然发现店里面的年轻人多了起来，起初还是三三两两，慢慢地就有人成群结伴。我突然警觉到，年轻一辈的消费群体开始出现了。

这当然是天大的好消息，但是我们如何才能把握好这个机会，让这些当年的小朋友长大后也能继续喜欢我们的品牌？

要成为年轻人喜欢的品牌，就必须改变自己，获得他们的认同。但我们的团队成员们并没有这样的经验，我自己也不懂，只能一起研究这个话题，还去请教百事公司的团队成员，向他们取经。

一般品牌的做法，多半是去找明星来代言，尤其是投年轻人所好，找流行音乐领域的偶像——百事就是如此做的。百事在全球成功地找来天王迈克尔·杰克逊代言而一炮而红，中国市场也依样画葫芦，找了一众巨星，搞得红红火火。

我们团队也有人主张有样学样。但我觉得，这些年轻人喜欢的东西都是一阵一阵的风潮，来得快也去得快。我们的品牌讲究的是真实、稳重的经营，弄潮跟风不像我们品牌的气质。

在我看来，与年轻人交朋友，不一定非要假装自己也是年轻人。年轻人固然追求一些"潮"的东西，但也重视许多长久不变的普遍价值，如友谊和爱情。我们可以通过调整做法，让年轻人知道我们理解他们，支持他们，这样一样可以让他们愿意接纳我们。

秉持这样的信念，我们开始开发一些他们喜欢的新产品，如香辣鸡腿堡、香辣鸡翅等，同时广告的手法也推陈出新，采用一些年轻人喜欢的语言和手法，得到了他们的共鸣。

我们对店里的员工也进行了重新培训，教授他们如何能让年轻人喜欢来店里。其实我们的员工也都是年轻人，比这些年轻消费者大不了多少。我们教员工如何做年轻消费者的大哥哥、大姐姐。慢慢地，越来越多的年轻人选择在我们店里相约聚会，我们的接待员也成为消费者的好朋友。也正因为有了这个基础，我们后来才能举办轰动全国的青少年三人篮球挑战赛。肯德基的品牌就是这样，一步步陪着中国的消费者茁壮成长。同时，我们也立志不断改变自己，融合到消费者的生活中去。

当这些年轻人不断成长，逐渐走入社会并成家立业后，我们又继续演变，试着成为上班族的首选，并逐渐赢得有年轻小孩的小家庭的青睐。2001年，我们推出了轰动当时且经久不衰的外带全家桶，内含足够一个三口之家分享的餐点和饮料，品种丰富且价格优惠。后来，很多人都养成了只要聚会就买个全家桶的习惯。

品牌的演进永无止境，我们的改变也是如此。我们后来还针对银发族的需求，研发出各种适合的餐品，如中式口味、蒸烤类的产品等。特别是中式早餐，更是许多人早餐的首选。

我从转入品牌管理的那一天起，就希望有一天能打造出一个"没有人不喜欢"的品牌。只是宝洁的产品都不具备这样的条件，直到加入了肯德基——美味食品、方便快捷、无处不在，完全符合了现代人生活的需求。我深以肯德基的受喜爱度为荣，这也差不多是我这种凡人能追求的最大成就吧！

新产品的重要性

作为餐饮从业者，我们一定要认清消费需求的本质的复杂性。同样一个消费者，对同一家餐厅的需求都不可能是一成不变的。再好吃的东西，都不可能让一个普通消费者高频率地重复购买。毕竟人类的本性就是不断地追求变化，不断地尝试新事物。

所以任何品牌都不能抱残守缺。越是高频次消费的品牌，越是需要不断推陈出新。

在宝洁工作的时候，我负责的品牌虽说是快消品，但购买周期也都是三五个月，而且不是消费者每天都要关心的品类，如纸尿片、洗发水。因此谈不上有什么太多创新的可能，我们的行销年历（Marketing Calendar）上只有寥寥可数的活动，做的也是一些无关痛痒、小打小闹的活动，更多的是配合商家的一些降价促销活动，这对我来说无聊至极。

加入肯德基以后，就是完全不一样的光景了。只要东西做得好吃，消费者完全不介意你来推介新的吃法、新的玩法，就看我们有没有本事吸引他们。这对我来说就太好玩了。

初期，餐厅里的核心产品只有上校爷爷赖以成名的原味鸡、菜丝沙拉和土豆泥。因为受制于供应链和外汇等因素，引进新产品颇为困难。但随着改革开放深化，新的通道陆续释放出来，我们就渐渐有能力引进些新产品了。

我们最急切推出的就是汉堡类和小食类产品。"老三样"是家庭正餐的替代，虽然很好，但不是真正意义的快餐的目标——繁忙生活节奏下的人们用餐的快速解决。麦当劳之所以这么成功，就是因为它主打汉堡类，任何人都可以拿了就走，快速解决一顿饭，是不是美食反而没那么重要。

好在当年的美国肯德基总部，为了支援国际市场——尤其是亚太地区——与麦当劳正面竞争的需求，找了一位印度裔的美籍研发人员 Dr. G. V. Rao 研发出了一种新的炸粉和相配套的香料（Hot & Spicy Seasoning Mix），可以用开口炸锅，相比压力炸锅便宜和方便多了，可以烹饪出各种脆皮炸鸡。我们从中选用了中国人最喜欢的去骨鸡腿肉做成香辣鸡腿堡；另外把鸡翅一分为二，去掉翅尖，只用翅中和翅根，做成了香辣鸡翅。

这两个产品都是人间美味。推出以后赢取了一众忠粉，一直是肯德基销售的前两名热销产品，远超"老三样"。

　　Dr. Rao 是印度人，所以很懂得使用香料。他后来又研发出了新奥尔良口味的配方，也是一绝，我们将其用在了烤翅上，使烤翅在肯德基、必胜客的菜单上也都成为畅销产品。他还研发了一款墨西哥鸡肉卷，用墨西哥人最爱的 Tortilla（面皮），裹上炸鸡条和莎莎酱，味道很不错。后来日本肯德基在这个产品的基础上做了改良，研发出一款 Dragon Twister。他们参照北京烤鸭的吃法，用同样的面皮和炸鸡条，搭配甜面酱和黄瓜条，味道更是一绝。我们于 2003 年将其引入国内，我给它起了个名字——老北京鸡肉卷，到现在还是常规菜单中的重要一员。不少女性顾客尤其喜欢，很多人都以为这是我们中国市场的首创，其实这是日本团队的奇思，但显然更合适我们销售。

　　我们看到新产品如此受市场欢迎热捧，自然要加大力度，乘胜追击。我们发现消费者思想很开放，对什么都有兴趣，我们也就脑洞大开，敢想敢做。

　　我们后来又推出了各种长期和短期产品，把整个品牌玩得风生水起，消费者也不亦乐乎。

　　麦当劳的品牌 DNA，只注重简单、高效和成本低廉，完全没有新品开发的能力。麦当劳自己没有研发部门，主要依靠加盟商或供应商偶尔做一两样新产品，偶尔才会有一个热销款，但也只是季节性短期推出。

美国其他快餐品牌更谈不上新品创新了。中国肯德基从亚洲加盟商的经验里认识到创新对餐饮业的重要性，又青出于蓝胜于蓝，走出了一条自己的康庄大道。

全力打造"新快餐"

我加入肯德基还有一个原因，我很喜欢吃炸鸡。我在美国、德国读书和工作的时候，几乎每个礼拜都会去吃一次炸鸡，犒劳自己。

这么好的美食得到了消费者的认可喜爱。但是在国外，炸鸡却常常被批评为"垃圾食品"，认为这是高能量、高脂肪、高糖的三高食品。然后，这个认知又影响到国内的媒体和消费者，他们认为国内儿童有越来越胖的趋势，要警惕"洋快餐"的入侵。

2000年初，我去美国参加一个培训，其中一个环节是与同桌学员互相自我介绍。当我说我是中国肯德基的总经理，而且肯德基在中国的发展势头良好时，一名美国女士居然严肃地告诉我，我应该以把西方的"垃圾食品"带入中国为耻。这句话让我非常震惊。我一直觉得我是把美式经典美食介绍给国人，怎么就变成一件罪恶之事了？

美国人之所以这么反感"垃圾食品"，是因为他们被一些工业化食品和饮料，如可乐、薯片、汉堡包等相关大量的广告洗脑了一辈子，再加上本来就缺乏美食文化，只追求糖、盐等的味觉刺激。另外，这些食品和饮料都是工业化到极致的产品，成本极低且还在不断下降，因为其主要原料是玉米，玉米既可以做成糖浆，又可以用来养牛。这些美国公司不愿意降低产品的单位价格，就靠增加份量和容量来吸引顾客，从而增加销量。美国人每天忙完了，只想做 Couch Potato（沙发土豆，意指长时间坐在沙发上看电视的人），坐在电视前的沙发上，一手可乐，一手玉米片，一罐一罐地喝，一包一包地吃，导致肥胖问题日益凸显。所以一些有识之士大声疾呼，希望美国民众不要再吃这些不健康的食物。

本来我完全可以不去理会那名女士的指责。但同为西式快餐业的一员，肯德基很难出淤泥而不染，而且油炸食品确实不宜多吃。那我们到底应该如何自处，就成了我对品牌未来发展的重中之重的考量因素了。

这个命题很大。如何能够把西式快餐做成消费者没有疑虑、乐于接受的饮食选择？全世界还没有这样的先例，我决定先做功课，好好学习什么是"垃圾食品"，什么是健康食品。

在老唐的帮助之下，我们邀请了十几位食品营养界的权威专家，参加我们于 2000 年 11 月成立的"中国肯德基食品健康咨询委员会"，委员会每六个月开一次会，旨在一方面听取专家的介绍和建议，一方面向专家们汇报我们做的努力、尝试和未来的发展方向。这个会到我退休时还一直在运作，而且越做越大。在此基础上，2007 年 11 月，我们又成立了"中国肯德基餐饮健康基金"，以资助与城市餐饮营养相关的科研项目。随着时间的推移，专家委员会的成员越来越多，也越来越权威，因为大家都看到，我们是诚心诚意地要改变自己，在做一件积大功德的事业。这里要特别感谢北京的李淑媛教授，她从一开始就信任我们，积极献

苏敬轼在中国肯德基餐饮健康基金年会上致辞

策建言，贡献极大。

我们搞清了什么叫"均衡饮食"，什么是"膳食指南"，如何科学地选择不同食物，何时可以多吃一点，何时要少吃一点。让消费者在快乐地享受美食的同时，又不必担心发胖，或者营养失衡。

同时，我们也认识到，自己要身体力行。作为表率，我们决定逐步降低油炸食品的比重，陆续开发出蒸、烤等种类的产品，还特别强化了蔬果类的食品。虽然这个工作很难，但我们坚持了下来。

除了改变自身的产品结构，更重要的是给所有消费者科普。研究显示，中国人在日常饮食中以中餐为主，肥胖的主要原因绝不是洋快餐的量，主要还是中餐里的一勺油。因此，单靠我们的努力还是不够的，必须让全社会都认识如何建立健康饮食的正确概念。

我们为此投入了大量资源传播新的健康营养理念——在餐盘垫纸、广告中引入均衡饮食的概念，潜移默化地教育消费者。

要想健康，除了管好饮食，还要养成好的运动习惯，但传统上，国人是不太运动的，只有年纪大了以后才会去打太极拳、跳广场舞。

我们决心发挥我们连锁店面深入社区的优势，争取到了中国篮协的大力支持，于2004年共同主办了"肯德基全国青少年三人篮球冠军挑战赛"。年轻人可以免费组队参赛，先在地方上打

时任中国篮球协会副主席李元伟（一排右二）、苏敬轼（一排左二）与2004赛季全国总冠军球队（二排右一刘晓宇）合影

联盟循环赛，然后胜出的冠军队伍去争取市、省以及全国冠军。有的冠军队成员甚至进了国家队，或打进了世界级赛事。这个赛事坚持至今，参加的人数之多，远远超过了全世界任何其他篮球赛事，是全世界最大的"草根"篮球比赛。

我们后来还举办了一个影响力很大的项目——"肯德基全国青少年校园青春健身操大赛"，由教育部体育卫生与艺术教育司、中国关心下一代工作委员会健康体育发展中心联合指导，肯德基全力支持，先在北京、上海、南京的普通中学开展，后来推广到全国28个城市的4 000多所中学。

2006年8月，肯德基全国青少年校园青春健身操大赛新闻发布会在北京人民大会堂举行

2005年，万事俱备，我们对外正式宣布：肯德基为中国而改变，全力打造"新快餐"。我们正式宣告，没有不健康的食品，只有不健康的饮食和生活习惯。肯德基将为中国打造一个拥有全新快餐理念的新品牌。

立足中国，融入生活

我们自从有了"食品健康咨询委员会"的教导和加持以后，对新产品的开发有了更明确的方向和信心。尤其是在我们郑重

2004年1月，肯德基在庆祝第1000家餐厅开业之际，千余名餐厅经理齐聚长城，打出了"立足中国，融入生活"的品牌总战略

宣告愿意"为中国而改变，全力打造新快餐"以后，态度更为积极。

正好那时，我们面临一个重大决定——要不要卖蛋挞？2000年前后，在香港和台湾出现了一股卖葡式蛋挞的热潮，许多专卖葡式蛋挞的街边小店如雨后春笋般地冒了出来。说起葡式蛋挞，就不得不提玛嘉烈女士。她是地道的澳门人，极具美食天赋。1988年，她采用澳督大厨的秘方，烘制出蛋挞待客，备受欢迎。受此启发，玛嘉烈开了家蛋挞屋，一时风靡港澳，后又改进配方，使外皮更酥，奶味更重，蛋香浓郁，味道一层又一层，却甜而不腻。很多人去澳门都会慕名去捧场,并买几盒带回去作为伴手礼。从此,玛嘉烈蛋挞经众多观光客口碑相传,成为享誉世界的经典美食。

再到后来,香港和台湾就有人买个烤炉,找个街边铺位就开始卖葡式蛋挞。生意很好,所以随后有更多人跟进。

对这样的狂潮,我本来是没有兴趣的,但是我们香港肯德基的加盟商 Arthur Ho 坚持蛋挞是好东西,会长久不衰。就算狂潮褪去,也会有它的市场。我就同意让他先在香港肯德基卖,他于是与玛嘉烈女士签约,拿下了授权,开卖以后生意确实不错。

Arthur Ho 当时也拥有台湾肯德基近半的店面,与我们国际公司自己经营的肯德基门店不分彼此,共用菜单和广告促销活动。他来找我商量,想在自己的台湾门店也开始卖蛋挞。此时我也看出来了,蛋挞的需求确实会长期存在,就同意他的要求。但是我坚持不能用那种简陋的烤箱做蛋挞。要买设备,就要毕其功于一役,买个功能最强大、最好的烤箱。

当时的技术总监 Ricky Wong 做了一番功课后告诉我,符合我要求的烤箱只有一个——德国拉丘娜(Rational)的 Combi-Oven(蒸烤箱)。这种烤箱可蒸可烤,还可以全程电脑控制,几乎什么东西都可以做,但是非常贵,一般只有星级酒店和大厨才舍得去购买,全球快餐没有任何人用。

但我的原则已定，也取得了Arthur Ho的支持，买进了Rational烤箱。这个设备果然了不得，烤出来的蛋挞特别好吃。从此以后，葡式蛋挞成为台湾肯德基最出名的产品之一，扛下了半壁江山。很多人说肯德基是被炸鸡耽误了的蛋挞店。有了台湾的成功，我们在大陆的店也顺理成章地引进Rational烤箱，陆续开始卖葡式蛋挞，也成为大爆款。

在此也要特别感谢玛嘉烈女士，她没有开出什么大价钱，只要求我们每年捐几百万港元给她指定的慈善机构。

我们充分发挥烤箱的作用，玩出了更多花样。利用烤箱的自动煮粥功能在餐厅现制粥，这绝对是肯德基的创举。有多少消费者能想到，在肯德基这样的西式快餐厅，早上竟然可以喝到现煮的一碗热腾腾的花式粥？

当然，烤的鸡肉类产品是肯定少不了的。新奥尔良烤鸡腿堡、新奥尔良烤翅都是脍炙人口的美食。

随着烤类产品的不断增加，我们逐渐需要提高店内烤箱的产能，从原来每家店一台十格或六格的烤箱，慢慢地变成两台，甚至三台烤箱。

接下来，我们慢慢跨过了只有鸡肉类主打产品的门槛。麦当劳一直以"中国人不爱吃牛肉"为借口，解释自己为什么做不过肯德基。其实中国人怎么可能不爱吃牛肉，只不过麦当劳做的没那么好吃而已。我们的 R&D（Research & Development，研究与开发）团队花了很大力气，终于在 2008 年推出了"嫩牛五方"这一创新产品。其中式的川辣口味，让人大呼过瘾。我们也再次证明了好的品牌绝不是只会做一两类产品，而应该是什么都能做得好。那些年，我们陆续推出的海鲜类产品，如鳕鱼堡、七虾堡等也都叫好又叫座。

肯德基每年都会推出不一样的新产品，真正做到了"有了肯德基，生活好滋味""生活如此多娇"。

08

必胜客的品牌建设

接手必胜客，何去何从

1995 年，Roger Enrico（殷瑞杰）出任 PepsiCo Restaurants Group（百事餐饮事业部）的 CEO 后，决定把肯德基和必胜客的国际部门合二为一，成立新的事业部 PRI（PepsiCo Restaurant International，百事餐饮国际事业部）。在此之前，肯德基和必胜客的国际部门是分开的，各自向肯德基全球和必胜客全球报告。合并之后，PRI 直接向 Roger 报告，而美国的肯德基与必胜客不再管理国际业务。

这样做意味着这两个品牌的国际业务与美国业务没什么关系了，也显示了 Roger 想加大国际业务发展的决心。

如此一来，各个地区的品牌团队都必须重组。我们亚太地区的肯德基业务远远大于必胜客的业务，因此就以我们肯德基的团队为主，把必胜客一部分的员工遣返回原来的市场，另一部分就吸纳到我们的团队中来。

必胜客原来在香港也有一个亚太总部，人数不多，在绝大多数国家和地区，都是以加盟的方式经营，所以转换起来很容易。另外，必胜客也没有太多企划资源，所以就让当时还担着肯德基亚太区市场总监的我兼管了。

必胜客中国团队的人更少，只有一个香港人 Fred Sze，负责管理当时的三家加盟商——北京、福建和华南必胜客。Fred 也因此改向我汇报。于是我从肯德基中国总经理变成了 PRI 中国的总经理。

我原来对必胜客没什么印象，更谈不上参与，只记得 1990 年冬天，必胜客在北京东直门开第一家店时，我去看过一次，生意很冷清。管理团队在大街上，看到路人就奉上一小块披萨，让大家试吃。我当时还嘀咕，这么冷的天，再好吃的披萨如果冷掉也不好吃了，怎么这么笨呢？

现在好了，我要接这个担子了。

我既然管了这个品牌，就得赶快学习。必胜客原来的团队没有什么人，总部也不知道如何支援，还好意思收权利金？我于是低声下气地去向加盟商请教，一点一点地从头学起。

当时的必胜客，在美国和国际是两种截然不同的经营方式。

在美国，必胜客最早的经营方式就是大家比较熟知的 Red Roof（红屋顶）餐厅方式，因其红色的屋顶而著名。必胜客本来是以披萨专卖餐厅而成名，而且做成了全美国披萨类的第一名。但是进入 20 世纪 80 年代以后，美国市场兴起了披萨外送的风气。很多中产家庭不想做饭，但又希望一家人可以在家里用餐时，就开始用电话点披萨送到家。这一形式的兴起，让一些新品牌，如达美乐和棒约翰迅速壮大，同时也逼着必胜客转型，改为专门做披萨外送的小型店 Delco（Delivery and Carry-out Only，仅限外送和外带）。但是在国际上，尤其是在亚太地区，这种消费方式还不太能为消费者接受。一般家庭还是习惯自己在家烹饪，或者出去下馆子。因此，国际市场的必胜客还是以 Red Roof 餐厅为主要的经营模式。

必胜客在国际市场上做得还不错，虽然不如麦当劳和肯德基的规模大，但能存活下来，并有一定的发展空间，这在竞争激烈的餐饮市场上已经很不容易了。

但是能活，不见得可以活得好，尤其是在中国。虽然必胜客进入中国市场的时间只比肯德基晚了不到三年，但发展非常缓慢，三个加盟商也都只有几家店，根本谈不上规模。

我就是在这种大背景下接管了中国必胜客。

我的第一反应与接管肯德基时一样，我们不可能依靠加盟商做这个品牌，必须自己先把品牌做起来，才有可能考虑其他。

好在当时上海市场还空着。本来上海市场已经与香港美心集团签约，由他们开加盟店，但美心集团缺乏信心，因此就一直晾着。

我毫不客气地收回了上海市场的经营权，成立了上海必胜客公司，由 Fred Sze 出任第一任总经理，开始在上海开直营店。

我们从此开始了必胜客品牌在中国的探索之路。

休闲餐饮才是正确赛道

我们在上海开直营店时，因为没有经验，只能依照原来的方式，先把店开出来再说。

当年的必胜客按照当年美国必胜客的原始风格，装潢、家具都比较朴素简单，比较适合中西部小家庭简单的披萨消费需求。菜单上的选择也不多，只有几款披萨，外加一些小食。比较出名的是沙拉，可以在盘子上无限量堆放。这是当年香港人的发明，因为好玩，又可以用便宜的价格吃一大堆蔬菜水果，吸引了很多年轻人来"挑战"。这个做法勉强维持了一定的知名度和人气，但生意实在勉强，与肯德基完全不能比。

我多半时间都花在了经营肯德基，没办法专心研究必胜客，就找了个从 P&G 出来的小伙子 John 来负责企划，他果然把从 P&G 学的那一套搬过来，做了一大堆消费者调查。这一调查，问题就很清楚了。当时消费者虽然对西式餐饮跃跃欲试，但完全不懂，只知道有肯德基和麦当劳这两个洋快餐。而必胜客进入中国，在他们看来，就是洋快餐的另一个选项。但是披萨对他们来说，就是洋馅饼，还要卖这么贵，觉得不值。更何况还要用刀叉，讲究吃相，消费者的接受度就更低了。

知道问题出在哪里了，不代表知道如何解决问题。我只知道我们做肯德基的那一套，用在必胜客身上肯定不行。因此我决定重新找人，而且要找到合适的人来做这个品牌。

好在我的运气不错。来自中国台湾的 Lobo Lo（罗维仁）出现在我面前。Lobo 年轻时就有志于餐饮业，曾经是台湾第一家 Fine Dining（高档餐厅）Bankers Club（银行家俱乐部）的员工，也是台湾最早接受正餐训练的少数几个人之一。1985 年，台湾必胜客成立的时候，他被聘为第一家店的经理，做得很不错。1989 年，加盟商在筹备大陆第一家必胜客时，将他任命为总经理。但因为个人事宜，Lobo 把北京东直门店开出来后就去了美国。

1997 年，我把 Lobo 找来，一起商量如何才能在国内做好必胜客。我们一致决定，不能像在其他国家一样，往低端餐饮的方向走，而是应该反其道而行。这其中的关键，就是不能让消费者以为必胜客是快餐，我们一定要帮助消费者了解什么才是好的披萨、好的正餐。

为此，我们设计了一整套新菜单、新制服和新的服务标准。Lobo提出，所有标准制订和训练需求都必须因地制宜，那最快、最好的办法就是向做得好的专家取经学习。他注意到国内航空公司拥有一套完整的服务标准和训练体系，所以与东方航空合作，为我们的员工提供了三个月的服务训练，这为日后必胜客建立、完善自己的全套服务体系打下了坚实的基础。

但一家餐厅最能表现自己特色的还是餐厅的地点与装修风格，因此我们必须找一个合适的突破口。

好在当时出现了一个绝佳的地点——上海美罗城。上海美罗城地处的徐家汇是当时上海重点开发的地区，而美罗城又是新加坡在上海最重要的项目，设计、装修各方面都很用心，力求一炮而红。当时美罗城需要响当当的大品牌入驻，肯德基自然是首选之一。我们就以此为合作契机，答应把美罗城店作为肯德基的旗舰店来设计，但条件是商场主门的左右两个把脚，一个给肯德基，另一个必须给必胜客做旗舰店。为了避免夜长梦多，我们还同意把我们中国总部办公室也搬到旁边的美罗大厦。这事经过几轮磋商谈判，成了。

我们为此找来香港的设计师 Mercy Leung，专门设计了必胜客的新形象，整个餐厅看起来非常时尚、上档次，再加上我们的新菜单、新制服、新的服务标准，一家全新的必胜客店出现在上海消费者面前，令人耳目一新，惊艳不已。

美罗城店开业以后，轰动了上海。必胜客更是从此在上海一炮而红。这套新的经营模式，也成为我们日后的标准。

乘胜追击，打造休闲餐饮第一品牌

美罗城必胜客火了后，我们趁热打铁，马上依样画葫芦，在上海热闹的地段尽量开店，而且开一家火一家。同时，我们也回过头来把之前的店全部重装，生意都变好了。

解决了必胜客在上海的问题，也找到了明确的方向，我就开始解决各种留下来的问题。我首先收购了北京加盟商的店，然后是福建和华南必胜客。福建的加盟商是全球的蘑菇大王、香港的 Dennis Chou 先生。他为人豪迈、大气，也是我们必胜客最主要的蘑菇供应商。福建门店的收购谈判很顺利。华南必胜客则是我们亚太必胜客最大的加盟商——香港的怡和洋行，他们同时还拥有香港、台湾和夏威夷的加盟权。我们进行了友好协商，最后他们也顾全大局，让我们顺利地把华南所有必胜客餐厅都收回自营。

同时，我也顺利地先后招到两员大将。1995年，来自台湾必胜客的陈文山（Samuel Chen）出任上海必胜客营运经理，之后又去了北京必胜客。另一位是Lobo当年在Bankers Club的老战友高耀（Peter Kao），他加入后，先是做了华东必胜客的总经理。待我们2003年收回华南市场，他便出任了华南必胜客的总经理。在他们两位的带领之下，几个市场的转型工作都做得非常成功。新的经营模式深得消费者的认同与喜爱，每一家店都是生意兴隆，到了周末更是大排长龙，一座难求。

与此同时，我们继续研究必胜客这个品牌应该如何定位，最后得出的结论是"Five-Star Service, Three-Star Price"（五星的服务，三星的价格）——让消费者能够以亲民的价格，享受到如五星级酒店的服务与美食。这对当年的中国消费者是非常有吸引力

必胜客老店外观 vs 新店外观

的。尤其是年轻人，多少爱情佳话，可能都是在必胜客餐厅里培养出来的。

为了不让这个定位被模糊化，我还定了两个原则。一个是在肯德基和必胜客两个团队中间设了一道防火墙，肯德基人员不能调任必胜客。另一个是任何肯德基的促销手段在必胜客都不可以使用。目的就是绝不能让消费者再以为必胜客是快餐。

为了达成这个目标，我们也把"必胜客"正式改名为"必胜客欢乐餐厅"，从而明确它作为"餐厅"的定位，并开展了一系列"什么是休闲餐厅"的宣传推广，巩固这一得来不易的定位。

往后的几年里，我们不停地升级菜单、装修、餐具与服务的标准，让必胜客休闲餐饮的形象越来越明确，品牌价值更是蒸蒸日上。

还记得当时，我们讨论菜单时，Lobo突发奇想，提议餐厅可以尝试卖蜗牛（Escargot）。这可是闻名世界的法国美食，只有在高档的法餐厅才点得到。但我转念一想，有何不可？蜗牛的原料主要产自中国，我们取得的成本不高，何乐而不为？结果这一产品一经推出就轰动一时，把必胜客的品牌定位又推高了一个档次。有样学样，我们之后又推出了酥皮海鲜汤，同样叫好又叫座。

必胜客欢乐餐厅从此就在这个新模式下蓬勃发展。我们的这条路也是世界上从未有人走过的路。

其实,从我的角度看,这个品牌的创新难度比肯德基有过之而无不及。人生在世,有机会打造出一个好品牌就不错了,但我居然有机会做成了两个,三生有幸!

中国人的第一次刀叉体验

当年,中国人接触西餐的时间不长。记得我小的时候,也很少有机会吃到西餐。全台北只有少数一两家西餐厅,只有少数人才去得起。我们只有在外国电影里看过西餐是怎么吃的。一直等到我上大学的时候,才有一些比较便宜的西餐厅开出来。在那个年代,消费还是比较贵的。我大学的时候去做家教赚了一些钱,偶尔才敢请女生去吃西餐,但也只敢选比较便宜的套餐。

开始做必胜客后,我们发现对绝大多数的国人来说,必胜客往往是他们人生中第一次刀叉体验。我们就下定决心,一定要让这个体验非常轻松、非常舒适,而且非常超值。这样大家才会喜欢西餐并愿意再次光临,还会推荐给他们的朋友和家人。

所以,我们从进门开始做起。必胜客的餐厅经理最主要的工作就是在店门口迎宾,一定要让每一位光临的客人,不管老少,不管有无吃西餐经验,都觉得轻松自在。我们的服务员都能熟练地介绍菜单，并且帮助客人搭配点餐；上披萨的时候，还会贴心地把第一块披萨放在披萨刀上，方便顾客盛起；餐后介绍甜点的细节也必不可少。总之每一个细节都是为了让客人能轻松掌握西餐礼仪，享受西式餐饮的尊贵服务。

我们慢慢地发现，对于年轻的顾客来说，这宝贵的第一次体验更是重要。很多人第一次赚钱，就是用来请家人去必胜客用餐。很多人与女友的第一次约会，也是在必胜客。一个年轻人，请自己心爱的人吃顿正式的西餐（相对来说），这是多么有面子、有成就感的事，甚至还可能是一辈子中最美好的回忆之一。因此，我们特别针对大学生推出了优惠计划，只要出示学生证，就可以享受优惠。这得到了非常热烈的反响。很多长辈就是被年轻人请到必胜客来，享受他们自己人生中第一次刀叉体验。

慢慢地，必胜客成了全家人都喜欢的用餐选择。周末和节假日，必胜客的门前会排起长长的队伍。我们因此不得不加快开店速度与密度，才能更好地服务顾客。那时候，我还会接到要求我"开后门"的电话，说在哪家必胜客门口，队伍太长了，可否打着我的名义优先进店。

既然顾客喜欢西式美食，我们就更应该介绍给他们更多的世界美食，这也就逐渐成为必胜客品牌的重要内涵。

除了长期菜单的不断优化外，我们还进行了许多促销活动。

但与肯德基的优惠券减价活动不同，必胜客不打折，更多是主题活动，一种是节假日的特别餐饮，另一种是世界美食巡礼。

每年到了特殊的西式节日，如万圣节、圣诞节和新年的时候，必胜客就会出一些应景的产品，把餐厅做一些特殊的布置，员工也会穿上对应的制服，餐厅里充满了节日的气氛，让客人可以在必胜客过一个充满欢乐的节日。

每年圣诞节，我们都会推出非常应景的"大鸟披萨"。圣诞节应该是吃火鸡的，但火鸡肉又柴又干，并不符合中国人的口味，于是我们干脆使用鸵鸟肉，肉质好，又有异国风采，而且很难吃到。做成的"大鸟披萨"，又好吃，又好玩。我们还为此做了一个广告：一部电梯在大楼中慢慢往下，一户户家庭捧着圣诞礼物进入电梯。第一家带的是一般的烤火鸡，第二家带的是一只比较大的火鸡，看到第一家，露出了有些鄙视的神情。而低层的第三家，捧着一只硕大的烤鸵鸟进来，前两家赶忙把手中的火鸡藏起来，多么好玩的一段广告！

我们另外做的就是世界美食。每几个月，我们就会推出一个特定国家的美食，例如泰国、德国、法国等的特色美食。

做泰国美食的时候，我们会推出冬阴功汤、咖喱披萨等。做德国美食时，就有烤猪脚和各种肉肠……总之，我们的宗旨是让客人足不出户，就能尽享世界美食。

因为我们的团队够强,能够克服各种困难,不停地推陈出新,而且始终奉行"Five-Star Service, Three-Star Price"的理念,价格亲民,让必胜客真正成为"丰俭随意,老少皆宜"的餐厅。

我们培养了一代又一代的忠实顾客。必胜客也成为独树一帜、遥遥领先的西式休闲餐饮品牌。

我们的美国总部和国际市场的必胜客管理团队来到中国,看到国内的必胜客和我们的作为,叹为观止。

菜单多元化,每一分类都是第一

必胜客的披萨,特别是拳头产品铁盘披萨(Pan pizza),确实有其独到之处。这种披萨是把油放在铁盘里再送进烤箱烤制而成,基本上是煎熟的,因此特别香脆。我们后来又推出了芝心披萨,在饼皮边里卷入芝士,这样本来索然无味的饼边,成了美味的芝士饼。同样,饼边里面还可以卷肉肠和玩其他的花样。所以当年必胜客的披萨,是国人吃披萨的第一选项。

我们的小食类也是大家的至爱。从最早让人惊艳的烤蜗牛、酥皮海鲜汤,再到令人叫绝的新奥尔良烤翅,始终都是热销产品的前几名。

一个完整的西餐体验,不应该只有披萨和小食。我们为什么不提供所有可能的分类，而且将每一类都做到最好？

于是我们从饮料开始，推出了多种果汁和混合饮料。各种漂亮的颜色与口味，打动顾客去尝试。我们也推出了各种意大利面和焗饭，让顾客有更多的主食选择，同时也是单人餐的轻食选择。

比较困难的是沙拉。中国人对蔬菜的要求很高，对生冷的沙拉接受度不高。我们原来打造的沙拉吧，其实是在特殊时期推出的一种聚人气的特殊做法，这与我的品牌理念不合。沙拉吧需要特别的地方，设计、维护都不容易，而且浪费食物，甚至有食品安全的风险，但考虑到消费者对它的喜爱，我需要一个合适的时机。等到我们菜单上的选择多了，推出了几种味道好的小份沙拉选择后，我才大胆地把沙拉吧撤掉了。

我们最后增加的分类是牛排。因为我们用的是一般烤箱，不太适合煎制牛排，因此没有做出什么能让消费者惊艳的牛排类产品。直到我看到日本品牌胡椒厨房（Pepper Lunch）利用特殊石材，以极高温煎炸牛排时，这给了我启发。我们的研发队伍很了不起，找到了国内最适合的一款石材，这种石材可以用烤箱加热到230摄氏度的高温，而且散热很慢，不但可以在三分钟内把牛排烤好，而且可以长时间保持高温，让牛排始终热腾腾。这种Sizzling steak（滋滋牛排）还有一个好处就是上菜的时候特别吸睛,而且有"嘶嘶"的声音,伴随着扑鼻的肉香。这个系列产品一上市就受到食客的追捧。

我们就是这样,一点一滴地经营必胜客的菜单,让每一道菜品都有颜值、好味道。难怪必胜客一直占据着西式休闲餐饮的No.1。

我们做完正餐时段后,又开始思考是否可以做得更多、更好。

经营一家餐厅,租金和装修成本都是固定的,人人都想做更多的生意,但很少有餐厅能够在不同时段都能吸引顾客上门。

别人不能,不代表必胜客不能。

我们先推出了"必胜客早餐"。与肯德基、麦当劳的早餐不同,必胜客早餐是有餐桌服务的。很多人一早出门,并不着急吃早餐,而是想找个地方坐下来,好好喝杯咖啡,再吃个惬意的早餐,然后去拜访客户或与人见面。必胜客的店就非常适合,而且食物、服务都好,价格又不贵。我们还针对不同需求,推出了中式、西式早餐等多种选择,让顾客可以随心搭配。

接着,我们推出了"必胜客下午茶"。

我们的菜单上本来就有各种好吃的小食和甜品,唯一缺的就是一杯好喝的现磨咖啡。我本来想与星巴克合作,但他们只愿意拿他们的第二品牌西雅图咖啡(Seattle Coffee)来合作。我们就决定自行研发,自创品牌。我们找来一家非常好的咖啡烘焙公司，与他们一起开发了一款咖啡，在盲品测试中得分很高，成本也合理。我又做了一回创意总监，给这款咖啡起名为罗兰（Lorenzo）咖啡，在必胜客正式推出。

同时，我们推出免费续杯的优惠政策。只要顾客在下午时段购买咖啡，就可以无限免费续杯。

我们的诉求很简单：吸引顾客来必胜客喝下午茶，我们的餐厅地段好、座位多、又舒适，方便与人聊天、开会，而且有人带位和服务。更重要的是有好吃的、好喝的，咖啡还可以免费续杯，可以待一个下午。这么舒服的享受，价格又实惠，孰优孰劣，一比就知道。

必胜客下午茶果然大受欢迎。想想看，有哪个品牌，能像必胜客这样从早到晚都可以有生意做，关键是还受到消费者的喜爱。

每六个月换菜单，天天半价，天下无敌

必胜客自从找到了自己的定位——以优惠的价格，把天下美食用好的方式呈现给顾客——就开始迎来了我们的好日子。几乎每家餐厅都是顾客盈门。由于生意是从早做到晚，几乎不间断，生意绩效自然非常好，也是当时全球必胜客最赚钱的经营模式。

2008年开始，我们又干了几件大事，把必胜客这个品牌推向了新高峰。

第一件事就是每六个月换一次菜单，而且每次上新数量不少于25%。这种换菜单的速度和频率绝对开了先河，至今无人赶超。

这个大胆举措受到了消费者的喜爱，谁不愿意经常吃到好的新产品？况且，我们还会把一些受欢迎的短期产品变成长期供应，这样大家就不必有遗憾了。

放眼看去，几乎没有一个餐饮品牌敢做这样的尝试。它们一方面是研发能力不足。每个分类有一两样拿得出手的产品就不错了，哪有可能不停改变，而且新品还要明显优于旧品，否则岂不是自废武功？另一方面是供应链及营运必须跟得上。每次换菜单就表示有些原料、辅料要更换，而且要精准地掌握库存和配送，才能让几千家门店都同步跟进，还没有需要报废的库存。做过餐饮的同行想必一定明白，能达成这样的结果是多么了不起。

当年我就是看准了只有我们团队有这个能力，才大胆提出了这个要求。而我们的团队也有胆有谋，勇敢地接受了挑战，居然也真的做到了。

这一下就把我们品牌的护城河，挖得更宽阔了。

第二件事，则是因为新产品多了，为了让消费者认识并记住这些新产品，我们又想出了另一个妙招，推出了"天天半价"的招牌促销活动。

活动期间，每天都有两款产品可以半价选购。其中一款，一定是大家耳熟能详的拳头产品，而另一款则是当季推出的新品。这样消费者既可以放心选购，又可以趁此尝新，何乐不为。

每周七天，天天不同，一个星期下来，消费者可以低价享受多款美食。因此每到活动期，餐厅的生意更是火爆。

当然，我也知道，任何事物，盛极必衰。必胜客做得再好，也不可能什么东西都独步天下，终有一天，消费者会发现，人外有人，天外有天。这个世界上的美食，有太多选择等着他们去体验。

从现在往回看，随着改革开放，国人对西方的认识越来越多，也越来越深。很多人都出过国，而且还去过不止一两个国家，甚至开始深度旅游。不要说一般的西餐，就连披萨和意面的各种不同做法和调配，大家也都能点评二三。

这些年，国内的消费水平不断提高，西式餐饮如雨后春笋般涌入各大城市。从米其林三星的高端餐饮，到休闲的小酒馆；从粗犷的德州牛排，到地中海的海鲜……消费者想吃什么，都有细分而且专业的餐厅供选择。

在这样的大环境下，必胜客当然不可能再像当年那样做成一个让大家趋之若鹜的品牌。但这没有关系，北上广深的消费者有各种精致美食可以选择，但中国还有很大一部分的消费群体仍然需要第一次用刀叉吃饭的体验。就算在北上广深，也还是有足够的人群觉得以这样亲民的价格，吃到美味的食物，是物超所值。

所以，必胜客一直到今天还是西式休闲餐饮的第一品牌，继续保持着不断扩张开店的节奏。在我看来，离饱和的时候，还早得很。

必胜宅急送有些可惜

必胜客休闲餐厅的定位非常精准，但是 2000 年前后，一股新的披萨消费风潮在中国正逐渐兴起，外送。

2003 年 5 月，必胜宅急送为"F1 中国大奖赛"提供餐饮服务

披萨的消费方式其实非常适合外送。消费者下单以后，不必等太久，热腾腾的披萨就可以通过特别的保温箱，专人送到府上。一家大小围坐一起，一面看着电视，一面分而食之，其乐融融。而且披萨的味道，老少皆宜，价格又不贵，确实是很好的居家用餐选择。

美国人尤其喜欢吃披萨。我看过一些统计数字，全美国卖得最好的食品，披萨排第一，汉堡才排第二。而且大家都喜欢点有品牌的披萨，如必胜客、达美乐，因为有电话热线，送餐及时，比较有保障。而且价格合理，经常有促销活动。

也正因如此，必胜客在美国以外卖为主，反而把 Red Roof 给荒废了。

中国在改革开放初期，消费者是没有这种需求的，但到了 2000 年左右，在北上广深这些大城市开始出现这样的需求。尤其是一些老外，他们偏好打电话订披萨，如果不外送，也是自取后拿回去吃。

因此，我们很早就开始研究如何经营这种形式的餐饮。

同样是做披萨的生意，Red Roof 和 Delco 其实是两种非常不同的形态。Red Roof 讲究的是好的餐饮服务、多样的餐饮搭配选择、高档的装修气氛，选址也必须接近消费者出游的路线。但是 Delco 不讲究这么多，消费者不用在意店开在哪里、有没有座位等。他们吃的主要就是披萨，配上一些小食就可以了。饮品更是家中自备，完全不必替他们操心。但是他们重视性价比，价格便宜最重要。

因此，我们从2001年正式开始做外送的业务，决定以另一个品牌的形式经营，用以区分两种在我看来截然不同的业态。这个名字不好取，我一方面希望两者有所联结，另一方面又不希望太像，因此取了一个很特别的名字——必胜宅急送。

英文名字没办法，只能叫Pizza Hut Delivery。既然消费者需求不同，菜单也应该不一样，必胜宅急送门店的产品简单了许多，这样也方便我们简化厨房。店址则要重新考虑规划，完全不必设在闹市区，而是合理分布在居民区，让各个店都能合理地覆盖到所有的居民楼。只要进出停车方便，哪怕位置稍微偏一些也无所谓，因为这样成本比较低，产品价格也就可以低一些。

我们还针对在家用餐的需求，开发了一些特殊的食物，例如中式的肉饼就非常受欢迎，这也开拓了非用餐时段的销售。

在互联网还没有普及的年代，我们必须要有自己的电话接单中心（Call center）来接受消费者订单，再分配到合适的Delco门店。每个餐厅还要有自配的骑手，他们都训练有素、熟悉商圈，加上我们专业的配单人员，可以保证每单都能在45分钟内送到家。

这一整套流程设计专业合理。必胜宅急送也始终保持披萨外送第一品牌的地位,并且遍布各大中城市,远远超过达美乐和棒约翰。

我们后来更是把整套 Know-how,运用在肯德基的外送服务。只是肯德基有天生优势,店面广泛分布,而且食品都是立等可取的,送起来更快,一下子就做得风生水起。

等到互联网兴起,消费者学会网络下单,我们连 Call center 都不需要了。后台系统接单、配单,大数据决定如何指派骑手、规划路线,把数字化的优势发挥到淋漓尽致。

只可惜,我退休以后,接任的是一个不懂中国、不懂品牌经营的印度人。他居然觉得不应该有两个必胜客的品牌(全球没有先例),因此停止了必胜宅急送的发展,而改为归在必胜客旗下共同经营。

这样的决定表面看似可以,反正消费者搞不清楚。但我认为有专一的团队与专一的品牌经营,才可以把外送这个业务做得更大更好。况且,我们从那么早就开始布局外送业务,比其他品牌占得了更多先机和好感度。

我不在其位,自然也就不谋其政。只是可惜了必胜宅急送这个品牌。

09

开店是门大学问

超越麦当劳哪有那么容易

肯德基虽然1987年就进入中国，但发展速度缓慢。等到1990年麦当劳在深圳开出内地第一家店的时候，肯德基的全国总店数也是屈指可数。

麦当劳在深圳的第一家店，位置选址极佳，是深圳最热闹的商圈。深圳消费者早就通过香港的电视广告熟知麦当劳，因此一开业就人头攒动，生意好得不得了。而我们当时对深圳一无所知，只能眼睁睁看着麦当劳在深圳一骑绝尘。

等到麦当劳在北京的首店开张，更是让我们相形失色。麦当劳把店开在了北京最热闹的王府井步行街上，新店装修美轮美奂，轰动京城。我们的门店本来看起来还不错，但相比之下，就差了那么一口气。

在深圳输给麦当劳，我没话说，但在北京怎么也输了？我立刻找来当时北京肯德基的总经理施逢年。他当然知道麦当劳这家店的位置是极佳的，但按照当时的物业归属，这家店理应是不可能对外出租的。他也很无奈。我从中学到的教训就是办法看来总是有的，不能给自己设限。

随后的开店发展之路，挑战不断。我们先开出店的城市，慢慢都被麦当劳一一切入，而且只要他们开店，就能拿到比我们更好的位置。麦当劳本来就是世界第一，名气比我们大许多，中国消费者只是没机会尝试而已。现在一旦他们有机会把店开出来，就显现出一副王者之势，把我们比下去了。好在我们在上海的店开得不错，一时还能保住在上海的领先地位。

幸亏有我的先见之明，我们不顾困难，陆续开出了15个市场，全国遍地开花，因此至少在全国总店数上，还能保持领先。但我内心很清楚，大军压境，如果再这样下去，必输无疑。

我明明找来的都是麦当劳出来的悍将，我要人给人，要钱给钱，也明确表态要找最好的位置开最好的店，但为什么等到麦当劳一来，最好的位置全让他们拿走了？

一路追问下来，每个人都有自己的理由。反正就是好的位置难拿，麦当劳有关系又舍得花钱，所以我们团队也没有什么有效的好办法。

我从来没有找店、开店的经验,根本不知道从何入手,只好去找我的老板 Pete Bassi(皮特·柏西)。Tim Lane 离开后,Pete 接任了亚太区总裁,后来升任国际部总裁,我向他汇报。Pete 虽然也不是餐饮出身,但他管过财务,也认识 PepsiCo 里的许多管过餐饮的人,就介绍我去找一位已从塔可钟退休的老先生,说他原来管过开发,应该可以帮得上忙。于是我把这位老先生从美国加州请来,找人陪他在中国转了一圈,然后来跟我汇报。

老先生煞有介事,说让我放心。只要我同意他从美国商学院招一批中国留学生,然后派到市场去管开发,再都向他报告就可以。

我听后哭笑不得。但我听懂了一件事——开发没有那么玄,可以用一般逻辑来解决,我知道该怎么办了。

刚好那个时候,原来在上海肯德基做了六年多总经理、后来暂时去美国学习的韩骥麟,差不多该回来了。他不愿意再做营运,辞意已决。但这样一员大将,我肯定要诚意挽留。没想到他竟然提出对开店很有兴趣。他是老营运出身,没有任何开发经验。估计他也没想到,我竟然答应了他的条件,让他回来全面负责开发工作。

与此同时,美国还给我派了一个 CFO David Barnes(大卫·巴恩斯），算是支援我，也算是就近监督我，免得我又自作主张。于是我们两人，加上 Eric 和负责营运的韩定国一起成立了 RE Committee（Real Estate Committee，开发委员会），专门管开发事宜。

在 RE 成立之前，我们对开店是有审批流程的。开每一家店都要填表，还要附上人流量、财务测算，然后开始走流程，各方主管都要签字，最后才到我这里。但是这个时候，箭在弦上，不得不发。我也不太可能再去问问题，找人麻烦。我觉得这种决策流程完全是无意义的时间浪费。

1996 年，肯德基中国第 100 家店开业

1997年12月，RE正式成立。全部开发案子统一报会，任何决定都在会上讨论通过。从此我们开始了对科学开发的探索，这也是我对营运、企划以外功能的第一次全方位深度参与，从此开启了我对所有管理功能重新打造的旅程。

2000年，肯德基中国第400家餐厅开业

克服人性困难，迈出第一步

我们成立RE委员会后，每两个星期开一次会，要求全国所有开发团队，不管有没有案子上报，都要线上参加讨论，目的就是集思广益，把所有相关问题一次讨论清楚；同时，如果有任何

新知识与决定，可以让所有人第一时间知晓，会后不需要浪费时间再传达。

刚开始开 RE 会议的时候，案子还不多，但每一个个案都需要讨论，所以也快不了，常常一个案子要讨论半天，有时还要团队后续补充资料，下次再报。

几轮下来，我搞清楚了我们拿不到好位置的原因。因为好位置的商铺都不容易拿，

2004 年 1 月，肯德基中国第 1 000 家餐厅开业

不仅要花费大量精力，可能最后还拿不到。而我们的开发团队有 KPI（Key Performance Indicator，关键业绩指标），每年必须开出一定数量的店。这么一来，大家自然就把时间放在比较容易拿到的，谁还愿意浪费时间去磨那些难搞的位置。

当年，消费业态还不像现在如此多元化，我们去开店的城市，商圈的好坏往往一目了然。哪个是好的商业网点，明眼人都看得出来。但我们的开发人员只知道柿子找软的吃，这样怎么可能开出好店？

2006年2月，中国必胜客第200家餐厅在广州开业

我搞清楚状况以后，就立下了几条规矩。第一，开发人员在每个城市的第一件事，就是做网络规划。他们要把每个城市的主要商圈全部在地图上标识清楚，然后派人去扫街，拜访所有商户，找到所有潜在店址，然后依据重要性，排定优先次序。

第二，在没有开出最好点位的店之前，不准报其他店址。这条原则一出，所有人都吓呆了，那岂不是自己手上所有的案子都报废了？但我就是吃了秤砣铁了心。不照此执行，就别想通过任何案子。

聪明的开发人员知道不能再混日子了，必须彻底改变作战办法。过去待在办公室等房东或中介打电话来的日子一去不复返。

他们必须主动出击，根据网络规划的结果，一家一家主动登门拜访，并且尽全力去说服房东。

其实肯德基这个品牌无人不知，我们只需要让房东知道，一旦肯德基入驻，会对物业价值有多大提升。就算过程中有什么问题或困难，我们也会配合解决，我们将会是他们最好的租户。

这个破冰的过程不容易，但这么多市场，总有人会率先告捷，拿下一些重要的店址。当他们上报给 RE 委员会的时候，自然非常得意，我们也会大加赞赏，鼓励他们再接再厉，乘胜追击。

有人成功出了风头，其他人自然也会立刻仿效，有样学样。没过多久，全国各地就开始捷报频传。

我们的 RE 会议还有几个特点：

（1）每次会上，必须把所有情况都讨论清楚，例如，每家店什么情况，应该拿多大面积，制订多少装修预算，做什么样的招牌，需要房东配合什么与签约条件……如此一来，各市场开发人员在谈判阶段都很清楚什么样的案子可以过，什么样的不可以，也就不会再浪费时间。

（2）只要各市场在周二以前将案子上报总部，就一定能上周四的 RE 会议，也一定有决议。这样，各地的开发人员就可以在最短时间内回复房东，以免贻误战机。相比之下，麦当劳还是要走一整套报批流程，速度完全跟不上。

这套开发策略严格执行下来，房东的配合度越来越高。我们也可以拿到越来越好的条件签约，不仅房租有优惠，租期越来越长，还可以要求更便利的营建配合，甚至还有逃生条款（万一生意不如预期）和很好的续约条件。我们成了房东最好的租客。

慢慢地，我们积累了一整套开发准则与技巧，每一个开发成员都非常清楚自己该做什么、能做什么，效率也越来越高，也越来越有把握拿到想拿的店。

我们的 RE 改革是肯德基在中国全面碾压麦当劳的关键之举，从而把我们传统上的劣势变成了我们最大的优势。特别是在二三

2007 年 11 月，肯德基中国第 2 000 家餐厅开业

线城市，我们普遍比麦当劳更早进入，又毫不客气地把战略要点全都拿下，加上我们的品牌经营管理十分到位，不给对手任何机会。等到麦当劳进入的时候，消费者还是会去捧场，但已经波澜不兴了。我们也算是把先发优势（First Mover Advantage）玩到极致了。

所以直到现在，在北上广深等一线城市，麦当劳与肯德基几乎不分高下，但一旦到了二三四线，甚至更小的城市，两个品牌就完全不在一个量级。

每年提速到 600 家店，全面压制麦当劳

自从推出 RE 后，我们的开发决策越来越精准，早就不是当年靠少数人拍脑袋的局面，更多是让数据说话。同时，我们也开始加大投资，收集各种商圈数据，对每个店开店前、开店后的人流变化进行追踪，同时深入调查每家店的客流情况，掌握商圈和顾客的特性。再加上店越开越多，能够做对比的店就越来越多，开发对营业额的预估也就越来越精准。如此一来，我们就可以大胆开店。开发到了这样的境界，就没有太多后顾之忧，开一家成功一家。即使偶尔有些小失误，也是特殊现象，最多养个一两年，等其商圈发展成熟后，又可以转亏为盈了。

2009年，中国肯德基第2 600家店开业

正当我们团队越来越成熟、到处传来喜讯的时候，我又吓了大家一跳。我们当时的开店数已经是一年可以开出二三百家店，但我提出了全面提速到每年600家的目标！

我早已看明白，中国这个市场，一旦准备好了，就绝对不是一两千家店的规模。以世界上其他市场为例，美国肯德基做得不怎么样，还能开出5 000家。而我们中国有其近四倍的人口，肯德基在中国的品牌地位又远超美国，那开出几万家也不夸张。

而且中国消费者已经证明了他们对肯德基的接受与喜爱。我们进任何一个城市或商圈，都是当地的一件大事。随着中国经济的发展，百姓越来越有消费能力。家门口就有肯德基，正是他们

2010 年，中国肯德基第 3 000 家店开业

2012 年，中国肯德基第 4 000 家店开业

媒体报道

最欢迎的事。

所以我们不该自我设限。我说出每年 600 家店,甚至还说少了。就是想让大家把头抬起来往前看,知道自己可以做的事还有很多。

为了达成这个目标,大家都必须重新规划自己的工作。把更多重心放到招募和培训新的开发人员,调查新的城市与商圈上,把规划做得更大更远。营运团队也需要超前规划,尽早培养可以进入新城市的管理团队。这样一来,一旦开店,经过短暂的支援与培训后,他们就可以独当一面地管理好地方团队。

如我预言,我们在很短时间内就成功地达到每年开出 600 家新店的目标，而且越来越快。我退休的时候，一年已经可以开近千家店了，如今更多。

我们的开发知识经过去芜存菁的积累，以及对开发流程的设计和不断完善，加上建立 RE 会议后的完整审核架构，我们终于开发出我们自己的《百胜开发手册》。这些宝贵的专业 Know-how，不仅指导开发人员怎么规划可进入的城市和可用的商圈，更重要的是建立了一套明确的开店优先顺序和培训体系，理清了开发工作的内涵。从此，开店不再像无头苍蝇般到处无效率地找店，而是按照城市及商圈规划的优先等级标准，有的放矢地开发，并且不断总结调整。以此为起点，百胜中国的开发团队逐渐蜕变成为一支规划清晰、目标明确、极具战斗力的专业队伍。

这就是我一直希望看到的，以科学理性为依据、精准决策的 Know-how。

后来很多百胜的开发人员，都被各大零售品牌争相聘用。慢慢地，我们使用的一套术语，也变成中国开发人员共同的语言。

我们这一整套的开发经验也给我们带来另外一个大的机遇——全国策略联盟。

记得当年全国第一家大卖场——家乐福在上海古北开业，一时全城轰动，生意好到不行，但是楼下居然开了一家麦当劳！我就找上海的总经理兴师问罪，为什么把这么重要的点漏掉了？

没想到他居然知道此事，但自以为大卖场在中国的发展时候还未到，竟然主动放弃了。

为此，我把 Eric 找来，要求他把大卖场的开发责任拿到总部开发团队负责，而且下了死命令，不能漏掉一个。

Eric 果然厉害，他去找了负责家乐福中国的法国人商量，决定做全国策略联盟。家乐福其实在亚洲是有成功合作经验的，在他们店中开一些其他品牌的店，这是一种双赢的合作模式。他们知道肯德基在中国的成功，很乐意与我们谈。Eric 就建议大家签一个策略合作协议，将来在任何城市，每开一家家乐福就开一家肯德基，这样大家都方便。同时，为了保证成功，我们可以在家乐福进新城市之前，帮他们做网络规划、选点。这对他们是天大的帮助，因为我们还可以帮他们训练开发团队。

后来，我们又找到大润发，也顺利签约。比较难的是沃尔玛，因为其负责人是美国人，他们还是认为麦当劳才应该是首选，但后来也认识到在中国还是要选肯德基，而且看到家乐福和大润发的成功先例，也就顺势而为和我们签约合作了。

我们拿下这三大超市以后，其他品牌，甚至是百货公司、地产开发公司等也都相继与我们缔结联盟。

这里还要提一下万达集团。当年万达还只是一个位于大连的地方地产集团，但王老板早已经表现出极大的野心与能力。只是开发出来的零售不知道怎么做，自营的万达百货也不成功。后来，Eric前去拜访，两人成了好朋友，万达也成为我们的策略联盟对象。之后万达在全国开万达广场，必然可以在其中看到肯德基和必胜客的店铺。万达还把这套联盟策略应用到其他一些受欢迎的品牌。如此一来，本地的招商责任大减，开店成功率也大为提升。可以说当年万达的快速发展，和百胜有一定关系。

无论是大型商场、大卖场，还是交通枢纽、加油站……我们之所以与它们建立策略联盟，根本原因就是从专业角度判断这些"聚客点"都是我们要拿下的重要商圈，并先发制人。毋庸置疑，得益于我们策略联盟的这一步棋，我们每年比麦当劳多开出不少家店。

10

大军未动，粮草先行

成立百胜物流

从 1992 年开始，我们的门店在全国遍地开花，陆续开出了 15 个市场。但其实当时并没有花时间去思考如何解决物流的问题。

每个市场总经理都要自己想办法解决采购、仓储和配送的问题。他们每个人都大显神通，没路找路走。基本上，就是在每个城市找一个简易的仓库，雇几个卡车司机，每周给餐厅送两次货。

好在当年我们的菜单简单，再加上一些包装材料，大部分需求都能在当地解决。但储存、运送条件都不好，可以说是因陋就简，完全达不到现代快餐的要求。

因此，我们必须设法引进合适的现代物流合作伙伴。但是当年的条件有限，哪有现成伙伴？至于麦当劳，他们很容易，直接邀请全球的物流供应商参与，并按照要求，把一座座现代物流中心建设了起来。相比之下，我们差太多了。

没办法，我就去美国寻求 PFS（PepsiCo Food Services，百事食品服务）的帮助。PFS 是 PepsiCo 下属的一家专门做餐饮物流的公司，规模很大，很专业。因为是兄弟公司，我以为他们一定会来中国帮助我们。我当时建议他们来中国开独资企业，或是与我们合资也可以。没想到他们对国际市场毫无信心。他们曾经试水过墨西哥，结果失败了，因此拒绝了我的请求。于是我退了一步，希望他们指派专业人员来指导。还好，他们派了 Bob Myers（鲍勃·迈尔斯）来华，担任我们的物流董事，帮了我们很长时间。

PFS 不行，我只好另外想办法。此时，我认识了还在台湾麦当劳任职的田立民（Ray Tian）。Ray 也是餐厅经理出身，当时负责管理第三方物流的业务，算是有一定经验的人。

为了请动 Ray，我还去见了他的母亲和太太。她们都很大度，虽然家里有各种情况，但都支持 Ray 来大陆工作。

Ray 到岗以后，积极行事，在 Bob 的帮助下，很快规划了国内建设物流中心网络，可以支持 15 个市场的餐厅发展战略，并且开始逐步推进。

当时，随着国内改革开放的大力推进，对现代物流的需求越来越大，一些国际物流资产开发和管理公司开始在中国布局，并且愿意投入重资。他们也需要像我们这样的优质客户，这其中就有一家美国公司 Prologis（普洛斯）表现出极大兴趣。他们在国外已经有与肯德基合作的经验，因此成为我们的首选合作伙伴，并开了第一家百胜物流中心。之后他们又继续与我们合作，依据我们的蓝图，积极选址、设计、施工、建造了世界一流的物流中心。有了这样的合作伙伴，我们省去了很多麻烦，后来还有几家公司也加入竞争，我们就更加高枕无忧了。

有了现代化的物流中心做支持，市场总经理们就不必再烦恼后勤问题，一切问题都有上海总部的团队帮忙解决。同时，仓储条件大大提升，不论是冷藏、冷冻和干货仓储，还是冷链运输，

2005 年 8 月，百胜中国华东配销中心正式开业

都实现了最经济科学的安排，保质保量且安全卫生，让营运团队再无后顾之忧。

我们的团队也越来越成熟，不断引进各种世界先进的管理经验和科技手段。在支援新省份或偏僻城市时，无论是建设分仓，还是加建物流中心、如何扩容等，我们都能做出科学的决策。对于运送车辆的选择、司机的管理和路线安排等，我们也都能仰赖精准的数据分析和现代工具做出最合适的安排。

百胜的物流系统（我们称为 YLC，Yum Logistics Corporation），是我们成功的一大关键。如今，它应该是全世界最大的餐饮物流体系之一，在全国有 30 多家大型物流中心以及上百家分仓。自有的和外包的各大中小型车辆每天在中国大地上来往穿梭，保障了百胜旗下所有餐厅的食品安全运输和高效配送，为百胜创造了极大的经营效益。

2016 年后，这个体系也开放服务给其他餐饮品牌，对整个中国餐饮业作出了很大贡献。

从采购到供应链管理

肯德基在中国发展的初期，根本谈不上什么供应链，更没有任何管理，能买到合格的原物料就已经很不错了。那个时候，连个像样的养鸡场都没有。国内传统养殖的主要是黄羽鸡,不适合做西式炸鸡。好在当时还有少数几家新的白羽鸡养殖场,让我们至少可以买到鸡肉。1987年在北京开第一家店的时候,我们是从北京畜牧局的养鸡场买鸡,还要在店里自己切割。后来慢慢地鸡肉供应商才进口了切割机器,处理后再送到店里。

我记得1989年12月第一次到上海,在东风饭店肯德基第一次吃到自己的炸鸡,炸鸡味道还行,但是菜丝沙拉难以入口。一方面是当时的卷心菜的品种不对,另一方面是用的醋和蛋黄酱都不对。

当年,我们就是在这么艰难的环境中坚持下来了。一直到1992年以后,外商开始进入中国,我们才能找到熟悉、合乎要求的原料。但就算有了,又出现各BMU抢货的情况,因为我们的开店速度太快。大家都怨声载道,我也不能假装听不到。

我第一个要解决的就是鸡肉供应商的问题。当年中国的养鸡场主要集中在山东和辽宁,基地规模都不大,养殖技术水平也不高。我的前任王大东先生最早把希望寄托于泰国正大集团,因此上海肯德基还有正大集团25.5%的股份,希望能至少解决上海地区的鸡肉供应问题。

正大集团是泰国最大的鸡肉供应商,企业规模很大,跨足多个领域。企业主华侨谢氏家族对中国充满热情,是最早响应政府号召来华投资的外商之一。正大与肯德基的关系很深，在泰国肯德基也曾经占股50%，而且是肯德基全球最大的鸡肉供应商之一。

集团大家长谢国民先生长住中国，投资了几十个项目，与各地方政府合资开了许多养鸡场，本来应该是很好的供应伙伴。但是谢先生喜欢重用各地的本土干部，集团对合资企业没有话语权，我们只能一个个地去谈判。这些养鸡场是中国最早的现代化养鸡场，其产品在日本市场极其受欢迎，因此供不应求，所以对我们就瞧不上眼，价格又贵，而且服务态度不佳，我们只能寻找其他供应商。

来自台湾的大成集团在河北与山东都有建厂，成为我们重要的供应商。同时，我们还开始找最好的本地供应商并努力扶持他们，非常辛苦。

鸡肉供应商的问题，一直等到新的养鸡模式出现后才得以较好解决。

现在国内规模最大、做得最好的是本土的福建圣农公司。该公司的创办人傅光明先生有智慧、有远见。军人转业下来后，他突发奇想，跑到闽西北的山区，与地方政府合作，拿下了人烟稀少的山头，由政府出资开路上山，圣农投资建造鸡舍，创造了一个"圣农模式"。福建缺乏饲料供应，也不临近主要市场，照理说不是最好的生产基地，但建在大山里面，土地便宜，而且不在候鸟迁徙途径上，鸡舍与鸡舍间相隔甚远，因此生物安全性（Biosecurity）非常高，鸡不容易生病，存活率高，也不需要投药。再加上政府支持，专门建设铁路方便物资进出，因此成本还下降了。

我们当年就注意到了圣农模式的优越性，特别予以支持，关键时候还帮助他们解决了现金流的困难。傅老板因此也感恩在心，后来成为我们最好的合作伙伴之一。圣农得益于百胜的发展，一路扶摇直上，如今养鸡规模在全世界位居前列。

受到圣农模式的启发，全国各地陆续出现新的企业探索新的养鸡方式。一批充分利用天然屏障，让鸡群能够在健康安全环境中生长的企业慢慢取代了原有的市场领先者，这里面有一大批都是肯德基扶持培养的本土供应商。他们分布在全国各地，各有胜场，均衡发展。经过多年的努力，我们终于有了全世界最先进和完善的鸡肉供应链。

肯德基的每一种原料背后都有一个类似的故事。我们不像麦当劳可以直接要求美国的供应商进入中国设厂帮他们解决问题，我们只能靠自己的努力，一项一项地解决问题。

很多人说，肯德基带动了国内农产品养殖、生产、加工和运输能力的提升，此言不虚。

错误的采购迷思必须打破

之前的章节提到过,我在服兵役和工作早期学到了一些采购的概念与技巧,还有负责过一段时间的采购,所以对采购还算有些经验。

我接管中国肯德基时,有太多事要处理,采购绝对不是我的重点,就想招些专业的人来帮忙。我当时指派了周白苹负责鸡肉采购,又在香港招募了美国人 Maiyo Hood(何迈岳)。

我当时问 Maiyo,采购人员最主要的职责是什么,他说主要有两点:一是绝不能断货,二是要降低成本,至少要避免成本增加(Cost Avoidance)。这是教科书里的标准答案,也几乎是所有大公司采购人员的共同信条。

这两点确实重要。作为一家餐饮企业,每天开门营业,绝不能出现断货这种事。成本控制当然也很重要。就算有通货膨胀,也不能任由价格水涨船高,至少要低于通胀的水平。

所以绝大多数公司给采购部门定的年度目标,就是成本控制指标,并以此为考核标准。

这一套管理办法看起来无懈可击,非常合理,但因为我自己做过采购,知道其中大有问题。

因为不能发生断货,我们自然不敢对供应商有太多要求,以免把关系搞坏了，在有需要的时候得不到及时解决。

但如果不敢轻易更换供应商，就会产生一种固定的相互依存的关系。表面上供需非常稳定，但实际上失去了改变的动力。如此一来，采购工作就变成简单的供应商关系管理。大家有事好商量、互相体谅，一起解决困难。每年定指标的时候，商量出一些大家都比较能接受的解决方案，让大家都能过关。

这样的采购模式看起来和谐，每年的绩效看起来也不错，反正外人也不懂。但我自己知道这样的做法让我们失去了太多机会。在这样的机制里，大家都可以混日子。所以，等到我把别的事情都处理得差不多了，餐厅数量也达到一定规模、对供应商有比较大的制衡力量以后，就决定撸起袖子，好好整顿我们的采购思路。

我首先参照了 RE Committee 的方法，成立了采购委员会（Purchasing Board，PB），规定每个月开一次会。每个采购合约都必须报会审批。我也利用这个机会，把所有相关人员召集在一起，共同讨论采购的基本原则，和每一个 SKU 的具体采购策略以及落实的方法。

我提出了一个核心的理念，就是每个 SKU 在每一个采购区域（有些 SKU 可以全国供应，有些就必须按区域供应）都必须有有意义的竞争（Meaningful Competition）。"有意义的竞争"就是必须发生在相互有竞争力的供应商之间，而不是陪衬式地走个过场。而每个采购地区（如鸡肉不适合长途运送）都必须有自己的有意义的竞争，否则也是假的。

这一下子就把原有的采购关系全都打破了。以前，因为采购关系是固定的，我们只能议价。但是成本掌握在卖方的手里，我们再怎么研究也不知道对方的真实成本和合理利润空间。因此，所有的谈判都是虚的。

但是一旦打破这种所谓稳定的供应关系，并且引进新的供应商参与竞争，一方面让现有供应商开始焦虑；另一方面，我们的采购人员也怕得罪了对方，万一出现短缺又该如何。

任何改变，在开始时都是最难的。如何帮助团队一个个地攻克难关，就变成那段时间我最重要的工作。

最初，我亲自主持 PB 的时候，确实把大家都吓了一跳。帮我管理后勤工作的 Warren Liu 觉得脸上无光，认为我不信任他的领导能力，因此辞职不干了。我深觉可惜，但也理解他的心情。从那以后，我们"四龙治水"就剩下了三条龙。

彻底改变观念，重建正确的采购理念

我相信百胜中国会是全世界最成功的餐饮企业之一，百胜的未来成长也无可限量。有这样的市场潜力和机会，什么样的供应商不想加入？

从长远来说，百胜本来就不该像麦当劳那样打造一个封闭的供应体系。消费者需要的是不停地进步与创新，而不是日复一日地洗脑和一成不变的消费习惯。百胜必须在市场上经得起竞争，百胜的供应商也应该与我们一样经得起竞争。我们只有共同努力、不断提升，才能赢取更大的市场份额，提升营业额，才能有机会做更大的改进，以及更大地提升效益，从而进入一个向上的正循环。

2014年12月，百胜主办"认识供应链管理"主题研讨会（右三为中国工程院院士陈君石，左二为苏敬轼）

在这样的理念基础上,百胜与供应商之间不是一种对立关系,而是一种互相扶持的合作关系。

我常常讲,百胜的品牌属于大家。我们就像是一个戏台的主人,我们的品牌就是面向观众的戏院,每天上演着不同的戏码。如果戏演得好,观众愿意赏光,我们的生意就会好,上台演出的角儿也能红。我们的供应商就是这里面的角儿,他们再厉害,也必须找到像我们这样的戏台,才有表现自己的机会。我们的任务就是把戏院经营好,把好的角儿都找到一起,唱好每出戏,这样对大家都好。

秉持这样的精神,我们开始找供应商一家一家地去游说。供应商都说不过我,只能半信半疑,看我们具体怎么做。与本土供应商相比,跨国大公司的供应商比较难认同我们的理念。

我还记得世界上最大的专门做 B2B(Business to Business,企业对企业)食材供应的联合利华全球 CEO 特地到上海找我,想给我上课,但我一句话就把他问倒了。

我问他:"贵公司的公司信条里面,有没有一条关于在市场中获胜的?"他们当然有,然后他就说不下去了,只能在临走的时候悻悻地告诉我,有一天他们做不下去的时候,会再来找我。我当场答应他,如果有那一天,我一定会出手,绝不会让这么重要的供应商做不下去我们的生意。

事实证明，这的确是最好的合作方式。联合利华后来为了能拿到百胜的订单，倾尽了所有的力量让我们满意。他们不但没有失去订单，反而因为自己竞争力的提升，在新的制度里拿到了更大的份额，而且通过不断创新，配合百胜推出了更多更具竞争力的新品，大家的生意都因此有大幅提升，真正做到了互利共赢。

我们的采购人员因此也彻底改变了自己的角色。以前他们与供应商不停地扮演猫和老鼠互相猜忌，现在则成为合作的对象。

我们的责任就是维护好竞争机制，引入真正好的供应商，清退不合格的"假供应商"。供应商唯一需要做的就是做好自己的工作，不断在竞争压力中找出进步的机会，而我们的采购与技术人员就是他们最好的朋友，因为我们会不遗余力地帮他们进步。

我们就这样一个 SKU 接一个 SKU 地逐步完善我们的采购秩序。一旦好的供应体系建立起来了，我们就不必再担心。自主的竞争压力会让整个系统越来越好。

我们因为推动了这个新的采购体系，短短几年，成本下降了好几个百分点。百胜因此又可以多开店，每个在舞台上演出的角儿，也都因而获利。

我们吸引了全世界最好的公司愿意来中国建厂，加入百胜的供应商行列。连麦当劳也发现他们原有的那套采购制度无法与我们竞争，因而主动要求供应商放弃独家供应麦当劳的依赖心态，鼓励他们找别的客户合作。

最让我开心的就是我们的供应商也被我们的这一套说服，纷纷用同样的办法管理他们各自的供应链。

我们不是政府机构，要有灵活的经商思维

很多公司的采购制度，为了防弊，就模仿政府的采购制度，硬性规定只要不是专用品项，一定要招标，而且要有三家以上公司比价，还要有人监标。

这一套制度看起来非常公正，完全排除了采购人员的人为主观判断，一切按流程报价，优胜劣汰，谁也没话说。但我自己做过，知道这未必有太大意义。有竞争力的供应商其实就这么几家，大家也都心里有数，但是为了符合规定，只好一起演一场戏。这些供应商会找几家公司来"陪标"，你也拿他没办法。更糟糕的是，这会促长不正之风，供应商会设法腐化采购人员配合他们编预算，然后泄露底价，想办法排除竞争等手段不一而定，表面上一切没问题，其实腐败丛生。

所以我从来不硬性要求比价。如果没有真正的竞争对手，就承认现实，老老实实地与对方议价，等到条件成熟了，才开始比价。也不必硬性规定必须至少三家公司，有两家够竞争力的公司

就行了。但如果有更好的供应商，则不管现在有多少家公司已经在供应，还是可以再积极引进，总之就是要始终保持足够的市场竞争力，以及供应商们之间的健康竞争。

所以每次开会的时候，采购审批都非常简单。只要大家同意，且目前的供应态势正常健康，就可以顺利签约。每个人的工作都十分明确，互相的信任度也高，一点不浪费时间，大家把更多的精力都花在一些难度比较大的项目。

鸡肉永远是我们最重要也最复杂的采购品项。我们要用的鸡肉部位非常多，尺寸规格也复杂，用量又大，往往举全国之量，如鸡翅，都不够我们的正常使用，更别说是做促销了。但是对有的品项，如鸡胸肉，消费者的兴趣又不大。一只鸡只有两个翅膀加一个胸，至于传说中的怪鸡当然是不存在的。如何能保证鸡翅供应、帮助解决鸡胸肉的出处，都是很复杂的问题。所以我们在采购方法上做了大量创新，不再一个一个SKU单项采购，采购周期也有所变通，有些时候甚至要签长期合约以让供应商在建设新厂扩充产能时有所保障。

我们竞标的方式也非常有讲究，不是一般的简单竞标，这里面有个小故事。

当初我们组建团队，找来了一些很聪明优秀的年轻人，其中有一名上海复旦大学毕业的赵村（Colin Zhao），妥妥的学霸，说什么都头头是道，于是我让他负责采购制度的设计，他也信心满满。

我考了他几个问题。第一个问题，他以为很简单——竞标的方式有几种？他愣了一下说："不就是让大家报价，然后比价吗？"

"当然不是。那只是一般常用的，叫 Bidding（竞价）。还有呢？"

"还有？我不知道。"

"艺术品一般是怎么竞价的呢？"

"哦，那是 Auction（拍卖）。"

"请问，Bidding 和 Auction 有什么差别？有哪几种 Bidding 和 Auction？"

他当场就蒙了，才发现自以为什么都会，其实还差得远。我要求他下次会议时给大家报告他的答案。

他果然聪明，没有让我失望，在下次的会议上侃侃而谈各种五花八门的 Bidding 和 Auction 的方法，和各自优缺点。

这个故事告诉我们，学无止境，一定要保持谦虚的心，还要有很强的自学能力，自己能找知识。

我也庆幸自己学得杂，对什么都有兴趣，所以知道这些乱七八糟的知识点，到了关键时候就起大作用了。

我们后来灵活使用了各种不同的竞价方式。依据各个情况，量身定制，效果非常好。2020 年颁发的诺贝尔经济学奖，就是给两位专门研究拍卖理论领域的经济学家，我非常希望他们有一天来百胜中国看看我们的办法,并点评一下。

还有一个故事,显示了灵活的重要性。我们当时负责电信服务采购的同事,有一天突发奇想,要求中国联通、中国移动和中国电信一起参加比价,对方非常不悦,搞得场面很难看。于是团队来向我请教,我差点笑出来。这些国企怎么可能跟我们玩这种游戏?于是我教他们如何搞清楚对方是怎么做业务的,一定要想办法让自己进入对方大客户的名单。后来对方建议安排双方高层见面,互相认识,也意识到我们是值得重视的客户,将我们纳入了大客户名单,以后有什么优惠、最佳费率,也都会主动告诉我们。

做采购其实就是做生意,不能僵化。

还要考虑多重因素,才能面面俱到

关于采购方面讲了这么多,其实真正的决策远比这些复杂。每一个 SKU 向谁采购、如何采购、如何竞标、多久采购一次、如何决定一次的采购量、是否以及留多少伸缩空间、供应商是否预先备料、备料多少、成品是否要求有库存……都是需要做决定的。

对于我们来说,更重要的是还要考量竞标如何具体实施。是一次见生死,赢者通吃?还是容许输的人跟标?跟标和不跟标后果又该如何?……所有的问题,都需要事先考虑周详,并且清楚告知投标各方，让他们有规可循，再决定如何参与竞标。

同时，我们还要小心观察，避免抢标的行为，防止有人故意出过低价格，抢夺份额。这样表面看我们占了便宜，但如果他们没有长期和真正的竞争力，只会破坏我们和现有供应商的关系，长期而言会损害我们的利益。

我们因此设计了一套非常复杂的投标系统。投标的人就算输了，也还是有跟标的机会，不会失去全部供应份额；而赢的人也不必担心供应能力不足，吃不下增多出来的量。所以虽然有压力，但不会过度。通过几轮竞争，自然就会找到一个相对合理的动态平衡，让竞争非常有秩序。

价格和量的问题解决了，我们还要解决质量和新产品的问题。

质量对我们来说至关重要，食品安全是最重要的一条红线。如果发生食品安全问题，我们会马上叫停供应关系。对方要想恢复供应，必须重新走新供应商的审批流程，归零重新来过，所以没有人敢掉以轻心。食品质量问题也是我们时时监督的重点。依据考核结果，分数低的企业也会被扣罚一定的市场份额，移给得分高的企业，奖罚分明。

我们还非常重视新产品的开发，这是我们品牌制胜的不二法宝。所以我们非常鼓励供应商主动与我们配合，一同创新。如果通过审核，供应商就可以享受一定时间的独家供应权，不必担心竞价。

这样就极大幅度地提升了他们的积极性。他们不但可以增加供应的品项，而且给我们的价格比较低，我们也能获得更高的利润。

因为有了这样的制度，主要的供应商都投资成立了专门服务百胜的团队，源源不断地提供新点子。也因为如此，百胜才可以每年推出150种以上的新产品。整个新产品的开发体系有大量的优秀人才贡献心力，而且不断地积累Know-how，才能有这样的成绩。

百胜在采购和供应链管理上的创新，是我这一辈子最引以为傲的成绩之一。在整个系统都稳定运行后，我就不再参加PB，由团队其他队友自己决定，我一点也不担心。我只在每半年一次的PB会议上，听听各个采购分类的负责人讲述这半年来如何改进了供应商的队伍，以及如何解决了一些老大难的问题。

有一天，我心血来潮，想把这些年揣摩出来的采购原则写下来，方便教导训练后来的人，于是写下了"六十四字箴言"：

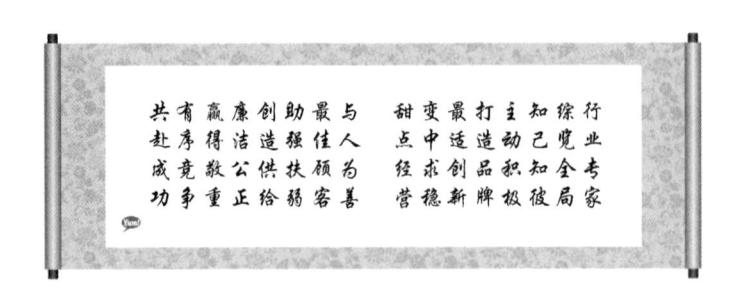

> 共有赢廉创助最与　甜变最打主知综行
> 赴序得洁造强佳人　点中适造动己览业
> 成竞教公供扶硕为　经求创品积知全专
> 功争重正给弱客善　营稳新牌极彼局家

现在回头看看，依然无懈可击。这把一个健康、互助互利的顾客与供应商的关系，描绘得清清楚楚。

11

新品委员会

新品对品牌的重要性

我在百胜，从 RE、PB 开始，前前后后成立了十几个委员会（Board and Committees），每个委员会对应一个我们需要累积 Know-how、做正确决策的主题。绝大多数委员会一旦上了轨道，我就会退出，由其他资深人员主持。我偶尔会不请自来，躲到房间后面旁听几分钟，看看他们是不是进展顺利。我每年听他们总结汇报一次到两次就足够了。除非有什么疑难杂症，否则都不用找我。再大的投资决定，他们都可以自己独立做。但如果有什么解决不了的问题，或者没有把握的决策，不论大小，必须立刻来找我，不能拖，更不可以胡乱决策。

但是有一个会，我一定从头到尾参加，绝不离席，那就是我们的新品委员会（New Product Committee, NPC）。

所有委员会里面，我们的 NPC 也是参加人员最多、参会意愿最高和最好玩的委员会。每个品牌每个月开一次会，除了委员会委员，负责新品开发的研发技术人员、企划成员，还有来自营运、RE、市场调研等部门的人员。特别爱吃、懂得吃的年轻员工尤其受欢迎，他们的意见也特别受到重视。往往一个屋子里挤满了人，连窗台上都坐了人。

我们每个品牌都有丰富的种类，更换菜单的频次高，还要不停地推出各种新品，因此每年都要推出 150 种以上的新品，再加上被淘汰的，我们在 NPC 上试吃过的产品多不胜数。

我们之所以这么重视新品开发，是因为我们知道新产品对消费者有多重要。

美国人缺少美食文化，脑子里只知道吃那么几样——披萨、汉堡。正餐也只在少数几样东西里轮流转，如烤牛肉、意面和沙拉。平常家里吃饭，最多叫个炸鸡或中餐外送。因此餐厅也不太重视菜单的更新。反正顾客点来点去就是那几样，采购简单，少了各种调试设备和员工培训的烦恼。除了少数几家米其林餐厅，别的餐厅几乎都是一本菜单万年不变，缺乏真正的美食基因。

但我们中国人不一样。我们以食为天，每天三餐饭是我们最大的快乐源泉。哪怕是最简单的米饭，也很有讲究，不会像美国人那样随便凑合。

早些年，我们连合格的鸡肉数量都不够，团队没有能力，更谈不上自主创新。但等到有点能力的时候，我们就开始想办法发展菜单，增加品项。一开始是向国外取经，拿现成的产品，因此有了香辣鸡腿堡、香辣鸡翅、墨西哥鸡肉卷、老北京鸡肉卷这些新产品，打破了菜单上"老三样"的僵局。

但市场需求远远不止于此。消费者对新的事物永远有兴趣尝试，而且好产品不怕多。拳头产品越多，消费者来店的频次就越高。

我们也看出来了，麦当劳不喜此套，还在死守在美国成功的那一套，以为只要廉价竞争，就可以一套拳脚打天下。所以我们就更不客气，加快创新速度，把品牌的差距拉开。

必胜客这个品牌可以玩的空间更大。光是披萨，玩面团、玩馅料、玩酱料、是否加边等就已经创意无限，甚至连鸵鸟肉都拿来入菜了，更别说其他品项了。

1999年，我们在肯德基徐汇店的三楼建了一座测试厨房，复制了餐厅的所有设备，聘用了一批员工，包括真正的西餐大厨，让他们每天在厨房里玩各种食材配料、烹饪方法。这还不够，各主要供应商为了能增加在我们这里的业务量，也组建了自己的测试厨房与创新团队，与我们的团队相互合作，共同创新。此外，我们还招聘了一批顶尖农业科技大学的毕业生，他们有科学理论基础，了解设备的功能与限制，可以很好地与大厨们共同合作，甚至还可以去外面找更专业的大厨请教。后来，我们又专门找了一幢独栋别墅并将其打造成一座更专业的测试厨房。

林林总总就是为了有更多更好的想法，在有安全供应的保障下，将其转变成一道道美食。

NPC 的任务就是不停地讨论当下消费者的兴趣与喜好，以及未来可能的变化，帮助研发团队预先准备，以便将来可以及时捕捉市场机遇。

当然，最大也最好的任务，就是试吃。我们每次在接近中午时开会，一直要吃到黄昏时分。所以基本上晚餐就免了。

每个月两天的新品会，一天肯德基，一天必胜客，是我们最开心的日子。

有人用尽心思，准备了几十道美食，请你评点，人生之乐莫过于此。

怎么开新品委员会

在中国做餐饮，如果不懂得创新产品，每个月不上几款新品，就肯定要被市场淘汰。我们百胜旗下的品牌首先做了表率。连带麦当劳、星巴克等品牌也被迫玩起各种新花样，只是做得还是不够开放。新起的一些茶饮品牌，那做得才是毫无边界，什么

产品海报

花样都玩出来了。

许多品牌都想学百胜,开始成立新品委员会。但在我看来,热闹有余,它们未必能掌握到其中窍门。

首先,新品开发并不是只做头脑风暴那么简单。不是随便找几个人,各言其志,发表一番意见就可以的。在百胜,我们在尝试任何新品之前,一定会先搞清楚最需要创新的品类是什么,然后是消费者现在习惯吃什么,想吃什么。如果这些没搞清楚,只是胡乱拍脑袋,就等于无的放矢。

其次就是可行性,如果对原料的来源、数量、季节稳定性、食品安全等任何一项没有把握,我们都不可能将产品上架,再好吃也没有用。

至于味道的选择,更不是管理层少数几个人就可以决定。一切要以消费者为出发点。在 NPC 没有官大、权力大这种事,每个人都只有一票，我这个 CEO 没有更多的话语权。我们还会有最后的把关——感官评定小组（Taste Test Panel）。小组成员是受过专业训练的，可以在完全不受影响的情况下，独立给受测食物评分，并准确地测出咸度、甜度、辣度等各种指标，方便我们做出最后的校准，确保做到最高的消费者满意度。

上市之前，我们还会做必要性测试。首先是营运团队是否能精准地执行标准，确保每一家店、每一个员工都能做出符合标准的产品。

与产品本身的味道同样重要的，是产品的名称与广告。好的产品名称是成功的一半，取名也是我最喜欢做的事情之一。要想取个好名字，并不容易，我们常常会一起动脑，搜肠刮肚地去找最能形容产品又能打动消费者的文字，形成最后的命名。当有人灵机一动，想到一个响亮的好名字时，大家都会欢声雷动。名字有了，故事有了，往往广告内容也就有了。然后，就该广告公司动脑筋拍出叫好又叫座的广告了。

我在命名上经常有所贡献。我脑子里存了不少稀奇古怪的知识，又容易听懂别人的想法，不知不觉就产生了化学反应。我们公司曾经来过不少外国友人，很多人想取个响亮的中国名字，都来找我。我不负所望，给他们取了不同的好名字，像凌天泰（Tim Lane，美国人）、潘睦邻（Milind Pant，印度人）和裴华庆

（Joaquin Pelaez，墨西哥裔美国人）。

我命名的产品有很多，除了朗朗上口、家喻户晓的"老北京鸡肉卷""劲爆鸡米花""外带全家桶"之外，还有"骨肉相连""嫩牛五方""九珍果汁""无骨鸡柳"等。

新产品对于品牌经营非常重要，就像衣服的第一个纽扣，如果整好了，就什么都顺了；如果整错了，反而会让本来好好的营运变得一团混乱，甚至让消费者失望。经过我这么多年的观察，许多国内的品牌都认识到了新产品的重要性，也做了大量投入，甚至不惜重新设计厨房，引进新设备和新工艺。有些品牌因为这些大胆创新而走红一时，成了网红打卡必去之地。但成也萧何，败也萧何，无纪律的创新，反而让营运不堪重负，甚至造成质量、食品安全事故。苦心打造的品牌，一不小心就毁于一旦。也许昨天还信誓旦旦，几年之内要开上千家、上万家店铺，甚至准备上市，但转眼就发现自己的品牌其实已经千疮百孔，难以为继。所以新产品开发是把双刃剑。在没有真正学好功夫前，千万不要随意运用，更不要狂妄自大，误以为仅凭三招两式就能称霸武林。

但不管怎么说，国内的品牌在这么"卷"的市场中，也都练出了不少本事。放眼全世界，一些老牌跨国企业还没有警觉到自己已经落伍。我相信假以时日，中国各行各业的实力都能赶超世界领先水平，成为龙头老大。

12

好玩的市场行销

品牌落地在营运

肯德基的市场行销方式和 P&G 的几乎完全不一样，其中有趣的元素太多了。消费者对餐饮的需求既高频又复杂，最主要的是很关注餐饮的相关动态。我们做的任何活动或宣传广告，都能引起消费者很大的兴趣与关注。在餐饮行业，好的广告马上就能看到效果，不像 P&G，花了一大堆钱投广告，却不知道有没有效果。

肯德基的店都是开在消费者最常出入的地方，所以消费者对品牌最大的接触点就发生在店内。我们的店招、装修，甚至食品包装袋和纸杯都触手可及，让肯德基这个品牌几乎无处不在。

我们的员工也是品牌的代表，他们吸引顾客、招呼顾客、让顾客满意的行为……都构成了消费者对品牌的印象。

所以我们最重要的品牌行销策略在于如何让品牌落地，这当然离不开良好的制度设计、训练与管理。

一般的餐饮业都只要求餐厅经理能管好餐厅员工、控制质量和成本、做好顾客服务，很少管餐厅之外的领域。只有高档餐厅会授权资深管理人员去经营贵宾关系管理（CRM）。

我们的交易对象广泛，而且交易单价低，不适合做 CRM，但我们的员工素质高，可以开展一些与众不同的活动。我们把这些活动称为 LSM（Local Store Marketing，本地餐厅企划），是每一个餐厅经理的必要工作。

我们在每个区域（约含 20 家店）都会设置一名 LSM 专员，由担任过 RGM 的人出任，负责督导和支持 RGM 的 LSM 工作。总部也会不断推出各种工具，放在 RGM 必备的 LSM 手册中，供他们选择使用。

每个 RGM 都要学会如何认识自己负责的商圈、顾客的来处和去处以及在不同的日子会做什么事等。他们除了执行全国性的促销活动以外，为了针对商圈的特性把行销做得更有效，还要有自己的 LSM 日历。虽然现在一二线城市的各种成本越来越高，消费者的需求逐渐分散，但在当年，甚至现在的下沉市场（肯德基已经进入了五六线城市与乡镇），我们还是有很多的事情可以做。

最初，我们主要针对儿童市场策划了很多活动。当时餐厅有接待员和预算，专做与儿童互动的项目。现在虽然这些活动少了，但我们依然与所在的社区保持良好的互动，甚至主动参与一些社区活动，如提供场地支持等。

因为我们有这样的要求与训练，所以我们的 RGM 都非常懂得该怎么做。他们每个人对商圈的情况都如数家珍，了如指掌，碰到熟客或重要客人都能热情招呼。同时，我们的员工都是当地的年轻人，他们很乐于参与我们的促销活动。我们也设计了很多小比赛，让员工之间可以组队互相竞争，从而让平淡的工作变成有趣的游戏。他们开心了，店里的气氛就会好，消费者也高兴。

早期，我们推动 RGM#1 的概念，就是要让每个店都有一个称职的 RGM。后来，我们又推出"黄埔军校"式的管理培养制度，更是一步步地严格训练出合格的 RGM，而且采用"Up or Out"（非升即走）的方法，让店里的管理人员永远年轻有干劲，不让任何人有尸位素餐的可能。

这一坚持是肯德基品牌可以历久弥新、永保活力的关键。

如何做促销和广告

传统的行销人员大部分都是在 P&G 这样的公司训练出来的。

他们因为产品创新不足，只能靠降价促销来促进消费，有能力了才能打点广告。

我在 P&G 待过，所以清楚其行销路数。他们主要做 Trade Marketing（通路行销），通过各种打折、捆绑促销的手段，让零售商们大量进货，然后占据最好最大的柜位，优先促销其产品，再加上充足的广告支持，自然就会得到零售商的青睐。这种"Push & Pull"（推拉）的策略使他们攻无不克，战无不胜，成为市场众多品类的绝对领先者。

P&G 的促销按照目的性主要分为四种：试用（Trial）、复购（Retrial）、使用频率（Frequency）和囤货（Loading）。他们使用各种优惠手段（如优惠券、买一送一、附送赠品、一次大量采购的折扣优惠等），吸引消费者买自己的品牌产品。我一直觉得折价销售是一种非常低级的手段。一个好的品牌，就应该是消费者衷心喜爱，甚至愿意溢价购买的。但是很多人都已被这些促销理论洗脑，不降价就不会做销售了。美国的快餐也是如此，放眼望去，各种电视广告都是优惠活动，一个比一个便宜。美国麦当劳就是做成了全美国最便宜的餐饮选择，是穷人最后的选择。

我年轻的时候，和一位广告界的朋友聊品牌，他的见解对我启发很大。他说任何品牌活动都旨在增加营收，但有些活动致力于先提高品牌价值（Brand Equity），让消费者愿意原价甚至溢价购买；另外一种则是将品牌价值变现，虽然在短期内对营收有帮助，但长远看却是在降低品牌价值。

事实确实如此。当消费者一旦习惯了用比较低廉的价格购买商品后，以正价购买的意愿就会很低，所以真正好的行销绝不会轻易降价。

在我的要求下，肯德基和必胜客都不可以随便降价促销，如果要做的话，必须非常小心。

消费者的各种消费心理中，对于"Value"（价值）的冀望确实是一种刺激消费的利器，但是如果用得不好，就是对品牌的损伤。

所以我们使用 Value 这个利器，一定要有"针对性"，千万不可以普遍行之。如果廉价销售，确实能满足消费者需求，那就直接把价格降下来，不必遮遮掩掩。否则就必须严格选择促销活动针对的对象，是年轻人？是初次消费者？还是其他品牌的重度消费者？并使用针对性的广告宣传工具，务必精准击中目标，绝不浪费宝贵资源，更不会困惑一般消费者。

这也是为什么新产品是最好的促销手段。消费者为了尝新，一般都愿意支付全价，而且如果产品够好，对品牌助益也极大。

麦当劳把自己品牌的要素定为 QSC & V（Quality, Service, Cleanliness and Value，品质、服务、清洁和价值）。因此没事就搞 Value。而我们不信这个，只想专心把品牌该做的事做好。

品牌还有一件好玩的事就是做广告。我在 P&G 的时候，品牌都很重视广告。P&G 常年都是最大的广告主，但其实一年下来也不过就做一两则广告，而且毫无新意，乏善可陈。

快餐业就不同了。哪怕只有一个品牌，可以讲的东西也太多了。大家都把营业额不小的一个比例投到广告上去，我们如此，麦当劳更是如此。虽然他们营业额比我们低了不少，但早些年还坚持要比我们有更大的声量份额（Share of Voice），企图从声音上形成"最大品牌"的架势。

但是量是一回事，质是另一回事。我们的广告投放量已经够大了，足够让消费者看到我们的广告，就不必去做无谓的投放，还不如把广告拍得更好一点。

因为有了这么多新品可以谈，我们多半广告都是讲新产品的。每个产品都有自己的目标客群和自己的产品故事，所以就可以为它们量身定制，做一个有意思的广告。各种广告交织一起，就形成了品牌多彩多姿、充满活力的形象。

产品广告固然重要，但每隔一段时间还是要拍一个品牌的形象广告，总结一下我们的品牌特性。很多肯德基广告，如鼓励大家均衡饮食的广告，就是令人过目难忘、对品牌形象大有帮助的成功之作。

我自己对广告很有兴趣，平常虽然不直接参与，但如果企划团队和广告公司找不到好的创意，时间又很紧迫，就会找我帮忙，这就是我一展身手的机会。通常我会把自己关在办公室里，让自己放松下来，然后不到一刻钟就能才思泉涌，一个广告稿就写出来了。因为每个产品的定位和故事我都很清楚，所以写出来的东西也都一步到位，简单明了。好的广告就该如此。

我们的广告公司曾经有点不服气，自己花钱去做比对测试，结果发现我的脚本确实优于他们的作品，也不得不服气。

做我们的品牌，真是好玩得很。

数字化时代的行销与广告

在互联网，尤其是移动互联网兴起以前，品牌的行销手段与办法是非常清晰的。品牌想要与消费者沟通，除了靠产品包装、陈列，最主要的就是广告。广告的形式虽然很多，如广播、杂志报纸、户外广告等，最主要、最有效果的还是电视广告。而优质的电视广告时段是一种稀缺资源，好看、有广泛影响力的节目永远就只有那几个。因此，有钱的品牌可以买断这些资源，让大者恒大，强者恒强。

我以前工作过的 P&G，经常被称为品牌管理的鼻祖。在那里工作过的人，往往自以为很了不起，一副只有我们懂企划的样子。但如果扪心自问，其实没那么了不起。我们只不过是依循着前人走过的路，踩在巨人的肩膀上而已。

P&G 最大的优势就是它买下了所有最好的广告位置。无论消费者怎么看，其品牌都在最显眼的位置，自然就树立了"第一品牌"的形象。观察法国的时尚大品牌，也是如此。

P&G 当年最成功的策略出现在 20 世纪 70 年代，当时美国中产阶级兴起，男人们早上出门，太太们送孩子上学后开始打扫做饭，中午吃过饭后有些时间可以轻松一下。这时候，三大电视台（ABC、NBC、CBS）会推出一些剧情狗血的连续剧，而背后的广告商就是卖肥皂的 P&G，因此这些电视剧被叫作肥皂剧（Soap Opera）。这些广告目标明确，成本不高，不像在黄金时间，P&G 因此赚得盆满钵满。食髓知味以后，P&G 开始大举购入各种针对家庭主妇的品牌，从而成为世界上最大的消费品公司，而且用同样的方法向国际市场扩充，成为全球巨头。

但是这种财大气粗的做法并不足以保障它的成功。P&G 固然很小心注意地尽量挖宽、挖深它的品牌护城河，想办法让自己的科技、包装、广告都能走在前沿。但是互联网的到来打破了游戏的规则，也因而改变了品牌竞争的铁律。电视广告不再是唯一的好选择，甚至现有的销售渠道也不再稳固。

尤其在中国市场，因为是后发市场，很多销售的秩序还没有完全建立起来，消费者还没有养成固定的购买习惯，因此很容易被新兴电商打动。加上中国电商的发展从一开始就得到政府和资本的支持，拥有充沛的人力、完善的基建，让电商平台成为品种最齐全、价格最低廉、送货最快最可靠的销售途径，很短时间内就拿下了市场半壁江山，远远超过了国外电商的发展程度。

社交媒体的兴起更是打破了传统媒体的垄断地位。各种网红博主纷纷找准了自己的定位。因为对象明确、价格便宜，而且有大量数据证明有效，因此社交媒体成为品牌广告行销很重要的部分。各种分众市场的小品牌也依此找到自己的受众，得以生存良好。反而是一些跨国大品牌因受困于传统渠道与行销手段，从而进退失据，败象丛生。

百胜旗下都是大品牌，所以习惯于大品牌的战法。百胜每年的广告费都是全国前三，不比 P&G 少。我们聘请的企划人员几乎都是来自 P&G、Unilever、J&J 等传统老牌公司，所以很自然用的都是一样的招式和路数。

可再好的招式也有用老的一天，何况外面的世界变化这么大，怎么可以再抱残守缺？

为了改变团队的思考方式，我曾经亲自下场，带着大家一起讨论如何在新的竞争环境下做行销与广告，并制订了几条战略。现在看来，这些举措是非常及时和有效的。

（1）聘请了一位CTO（首席技术官），帮助公司与品牌全面认识和了解新科技，有效指导，并做到有效采用。

（2）要求所有企划人员必须在自己手机上下载年轻人喜欢用的各种App，亲身体会各种电商的用户经验（User-experience）。

（3）建立自己的电商平台，打造自己的App。开始直接面对消费者，学习如何与他们在互联网上互动。

（4）把广告对象从传统媒体扩大到社交媒体，开始认识KOL（关键意见领袖），并且把他们纳入我们的媒体关系维护体系。

（5）对于某些对特别群体有特殊影响力的偶像，我们都可以考虑纳入品牌代言的行列。

（6）对外卖市场的蓬勃发展，要有扩容的准备，尤其要坚决维持自有骑手，保证消费者满意，同时避免被平台卡脖子。

（7）全面检讨新品和促销的策略，增加发布的频次和密度，对不同的消费群体，推出更有针对性的活动与文案。

（8）拥有自己的专业人员和广告设备，将行销日历转化为每周选题，快速制作并播出，以符合互联网时代的速度。

在我退休前几年，整个转换工作已经基本完成。肯德基、必胜客的企划团队已经主要由在互联网时代成长的年轻人组成，他们做的都是最尖端的（Cutting-edge）消费者互动活动。

我最想看到的品牌Super App也在我退休前上线。消费者可以一键登录，手机点餐，外送到家，并与品牌互动，赚取积分，还可以兑换礼物，所有功能一应俱全。我当初给 App 运营团队定的目标是三亿会员数，最近听说已经超过五亿了。

运动行销很重要

放眼全球，很多大品牌都非常重视运动行销，如耐克、阿迪达斯、安踏、李宁这些运动品牌，都要拿出大把银子，抢下各个运动明星，还要赞助各种运动比赛。即使是一般品牌，也都会看运动明星和重要赛事的吸睛度和话题度，而纷纷慷慨解囊，不惜重金争抢赞助商的资格。尤其是像奥运会和足球世界杯这样的顶级赛事，更是全球各大品牌彰显自己全球领先品牌的绝佳机会。这其中有两个最著名的品牌，一个是可口可乐，一个是麦当劳，永远都是最重要的赞助商。他们一方面要巩固自己的市场地位；另一方面也为防止竞争对手拿去，因为一旦发生这样的事，必然会造成轰动，对自己十分不利。

肯德基在中国做得再好，全球肯德基还是远不如麦当劳。因此像运动行销这种机会永远不会给到我们，我们也不奢望。但随着中国肯德基的影响力越来越大，这块原以为撬不动的铁板终于松动了。

差点拿下 NBA

2011 年，NBA 居然找到我们，希望与肯德基谈合作，而且态度十分诚恳，让我们受宠若惊。

其实原因很简单。NBA 本来与麦当劳签下了多年的合作合约，是它最重要的赞助商之一，也是唯一的快餐品牌。但合约即将到期，NBA 就希望引进肯德基。而肯德基中选的原因，就是我们在中国市场的成功。NBA 当时的领导人是大名鼎鼎的 David Stern（大卫·斯特恩）先生。他早就垂涎中国市场，希望能入股 CBA，让 NBA 能在这个大市场中分一杯羹，但一直未果。

这个时候，正好我们与中国篮球协会共同主办的"中国肯德基全国青少年三人篮球冠军挑战赛"进入第八个年头。因为我们的店遍布中国 1 000 多个城市，又有极大的号召力和执行力，每年参加比赛的队伍数量可观，是世界上最大规模的草根篮球赛事。David Stern 先生对此也叹为观止，无论如何也要见我一面，探索合作的可能性。我们见面以后，他还很有诚意地邀请我去美国 NBA 总部参观，还找人陪我去现场看球赛，表现出极大的热情。

我把事情向我的老板 David Novak 报告，他当然也喜出望外，愿意支持。如果肯德基能取代麦当劳，拿下 NBA 赞助商的地位，一定会成为轰动的大新闻。尤其在美国，肯德基将会一夜之间咸鱼翻身，非爆红不可。

整件事进行得非常顺利，David Stern 也向董事会报告，就等董事会通过。

但没想到麦当劳听说了这件事情，就联合了可口可乐向 NBA 的董事会施压，就连权倾一时的 David Stern 也无法说服董事会，只能来跟我道歉。

我倒觉得还好，运动行销在我看来，没有那么重要。我们办三人篮球赛也不是为了行销，所以合作不成无所谓，就是有点可惜。

其实我一直提醒 Stern 先生，中国人不可能同意把 CBA 变成 NBA 的下属机构。实际上，NBA 应该与中国篮协合作，帮助 CBA 做大做强，这才是双赢的做法。但可惜这些老美都自大得很，听不进去，所以 NBA 也始终进不了中国。

林书豪成为三人篮球赛大使

2012 年，NBA 赛场上发生了一件震动全世界的大事——林来疯（Linsanity），一名父母亲来自台湾地区、名不见经传的板凳球员林书豪（Jeremy Lin）居然如灰姑娘一般突然暴红。趁着当家明星甜瓜（Antonio Mello）因伤休息的期间，Jeremy 先发出场，率领纽约尼克斯，居然创下七连胜的奇迹，连 Kobe Bryant

（科比·布莱恩特）带队的湖人队都败在他的手下。消息传来，在中国也引起了巨大的反响。几乎所有品牌都想赶上这个浪潮，与林书豪签约。

我本来并不想蹭这个热度，但所有人都觉得我们应该抓住这个机会，让肯德基的品牌形象再上层楼。

其实在此之前，肯德基很少找人代言，我的想法就是我们的知名度已经够大了，全国人民无人不知，无人不晓。而且代言人万一言行有错，还会拖累品牌。

但是，林书豪与一般人不一样。他的父母都是虔诚的基督徒，从小重视子女教育，几个小孩都是很优秀的年轻人。林书豪尤其杰出，不但球打得好，高中时期就带队拿到美国加州的高校冠军，而且成绩优异，考进了哈佛大学。哈佛大学所在的常春藤联盟，虽然不属于第一流的大学体育联盟，但林书豪带领的球队，还是连续多年蝉联联盟冠军，让人刮目相看，才有机会进了NBA。

我决定为了林书豪破例，试试与他签约的可能。一开始通过NBA的介绍，我们找到了他的经纪人。这位老兄是一名退休球员，根本没什么经验，更不用说和他谈什么特别的交易了。

好在这时有人介绍我认识在北京工作的台湾人L.C.Chang（张苤政），L.C.是当年与姜丰年先生一起创办新浪的功臣，还负责了新浪体育的版块。后来他们离开新浪，姜先生回美国，L.C. 则留下来继续从事与体育有关的工作。

L.C. 也是基督徒，以前一直住在加州，与林书豪的父母是好朋友，看着 Jeremy 长大，视他如己出。

我就去找 L.C. 商量，表明我的来意。我们并不像一般品牌只是请 Jeremy 为产品代言，而且希望邀请他加入我们的行列，帮助中国的年轻人喜欢上篮球这个运动。

L.C. 在中国多年，知道中国肯德基的不同，因此主动帮我们与 Jeremy 的母亲联络。林妈妈是一个非常令人尊敬的好母亲，非常重视 Jeremy 的声誉，也不希望他签太多的商业合约，希望他能专心打球。后来也确实如此，Jeremy 只签了沃尔沃和肯德基两个合约。

林妈妈本来绝对不考虑快餐品牌，认为洋快餐不健康，但 L.C. 很有耐心地向林妈妈解释为什么肯德基在中国不一样。他也向林妈妈介绍我们在中国办青少年三人篮球赛的规模与成果，以及打造"新快餐"的决心，从而让林妈妈对我们刮目相看。

后来，我和肯德基品牌总经理韩骥麟，在 NBA 的安排下去纽约看了 Jeremy 的比赛。他那天打得很精彩，赛后也与我们见了面，大家谈得非常好，也就顺利地签了约。林书豪从此成了"中国肯德基篮球大使"，此后两年里，每年夏天 NBA 休息期间，

2012年,林书豪出任"中国肯德基篮球大使"

Jeremy 都会来到国内,与我们的篮球少年互动交流。

Jeremy 与我儿子同年,身高和我差不多,我很喜欢他,同事们都打趣说我们像父子。我一直希望他能在 NBA 打得更久一些,能带动更多的 NBA 球员像他一样待人彬彬有礼,场上奋力拼搏,还重视公益活动。只可惜,在 NBA,人才济济,比他更好的后卫比比皆是,他的机会稍纵即逝。

这些年,Jeremy 仍然在为自己的篮球梦努力拼搏,我以他为傲,也很高兴有机会与他相遇,还合作过一段时光。

13

人心为上做公关

当年的跨国公司不懂做公关

我们当年到中国开肯德基，因为法律要求，必须与当地公司成立合资公司。当年的各种大小公司都是国资企业，所以必须与政府打交道。因此我们必须学习在中国最重要的一门功课——关系管理（Relationship Management）。这个概念与美国公司熟悉的PR（Public Relations，公共关系）相差十万八千里，以至于后来外国人直接就创了一个新词"Guanxi"。

当年的跨国公司的确不懂关系，就连PR也做得很少。在他们自己的本土市场，有的也只是负责媒体采访。一般情况下也不会有什么问题，大家专心做生意。有什么话要说，就自己打广告。只有超大型公司需要GR（Government Relations，政府关系），负责与政府部门沟通，比如申请执照、新药审批等。最大型的公司，有可能被叫去国会，出席听证会（Public Hearing），一般公司是不需要 GR 的。以美国百胜为例，整个 PA（Public Affairs，公共事务）团队只有两三个人，成天也没什么事做。如果公司对政府或国会有什么想法，可以写信给代表州里的参议员代为游说，或者通过行业协会进行。如果发生了什么重大问题，或是要办什么特殊活动，美国百胜都是找专业的公关公司帮忙疏通、引见或解决。

但在中国，关系技巧非常重要，所以必须有专人做 PR 和 GR。因此，每家公司都必须设置一个或多个团队，负责关系的建立与维护，需要的时候就能派上用场。

除此之外，媒体关系也特别重要。在国外，媒体相对简单，全国媒体就那么少数几家，有能力做特别报道的更少。但在中国，中央有央媒，各地方有地方媒体，而且媒体之间可以自由转载，因此消息传播得特别快。另外，媒体的新闻需求量大，对商业动态有很大兴趣做报道。这种新闻和相关软文，往往比广告的效果还要好，成了商家必争之地。当然偶尔也会有不良媒体，以负面报道为要挟，索要各种好处，这时公司也必须有专人与他们周旋。

总之，在国内，每到一个新城市，都必须打点好各种关系。对跨国公司来说，这非常头疼。美国法律对美国公司员工有非常严格的要求，不能有任何利益输送。因此，这些都让我们在国内做事必须十分小心和谨慎处理。

我们一开始的公关工作，都是拜托中方合资伙伴来做。他们本身都是国企，有什么事都可以找到当地关键决策者。但是随着我们的快速发展，开出的独资公司越来越多，而且中国肯德基成了名气最大的外国餐饮品牌，与民生息息相关，动见观瞻，所以我们就必须设立自己相应的专业部门。但问题是，到哪里去找这样的专业人才？

当时上海肯德基的中方董事唐杰予准备从新亚集团退休，我就请他到我们中国总部来，负责开发及政府事务。老唐很惊讶我的大胆决定，但他也着实厉害，很快就做出了名堂。

我记得最清楚的一件事情就是解决当年杭州的旅游附加税的问题。我们在1992年就成立了杭州肯德基公司，生意很好，但是没有什么利润。我一问之下，才知道杭州市就营业额的百分之五还要征收一种"旅游附加税"。我为了这件事特地去拜访相关部门，发现省里有一道行政命令，容许杭州和其他旅游城市征收一定比例的附加税。我去省里找说法，主管副省长耐着性子和我解释这条规定的背景和由来，他也很无奈。

我就派老唐去北京向中央找说法。没想到他竟然找到了"减轻赋收办公室"，后来出了一个红头文件要求地方纠正。

老唐立了大功。我们在浙江的餐厅开始利润转正。

其实这是一件造福所有企业的好事。税收减轻后，所有人都能积极投资浙江旅游业，为推动浙江旅游业和经济发展做贡献。

关系的重要，由此可见一斑。

什么是关系

在很多人的眼里，"关系"不是一个积极正面的词。说某人很会搞关系，一般是说这个人很懂人情世故，不容易办成的事也可以办成。乍听下来，似乎能力很强，但语意中又似乎有点不择手段，甚至是搞"权钱交易"。

在西方社会里，不是没有腐败，但是都十分隐蔽，很少有人敢明目张胆地去做。西方社会不是不知道每个人都想找路子影响事情的结果，但是这些路子多半是"明着来"。政府的重要官员都是投票选出来的，个人和企业都可以通过政治捐款来支持自己喜欢的政党与个人。也可以聘请游说公司，一般是那些从政府退下来的官员，冠冕堂皇地去为客户跑腿。地方选出的议员，更是常见的代言人，或白手套，为选民游说，这些都是合法的。

但在当年的国内，老唐再能干，到底不太适合做这样的工作，我就找到原来在美国加州帮州长做中国政府关系的华裔美国人 Tony Chen（陈耀东）担任这份工作。他是华人，又熟悉美国法律，知道如何把握分寸，我比较放心。

那几年正值我们要在全国各地建立新的分公司，必须一个一个跑，争取地方政府的支持，尤其要同意我们成立独资公司。

好在肯德基的名气够大，各地政府都很欢迎。我每到一个城市，都能拜访到地方的一把手。当年遇到了许多厉害、有眼光的领导人，大力支持肯德基在当地的发展。

其实"关系"这两个字无关正面或反面。人与人之间的相处，是需要累积互信的。我们对不认识的人永远会持有戒心，宁可先求自保，所谓"害人之心不可有，防人之心不可无"，所以必须"路遥知马力，日久见人心"。我们交友一定如此。与任何人相处，也都是如此。中国人的"关系学"，就是主动承认这一点，把"关系"的重要性放在明面上来审视，让大家都知道学习建立关系、强化关系、维护关系的重要性。

西方的思考，太过急功近利，又喜欢用"对立"的方法解决问题，动不动就搞得面红耳赤，甚至对簿公堂。表面上说是公事公办，其实错过了很多好机会。

以工会为例。美国人喜欢把劳资双方放在对立面，动不动就吵得不可开交，还时不时罢工，搞得社会都动荡不安。美国公司极不喜欢建立工会，一定会想方设法阻止。但是在国内，工会成为解决劳资矛盾的重要组织，是一种积极手段。当年肯德基也成为如何让外资公司组建工会的试金石与风向标，我因此与全国总工会有了很多轮沟通。过程中，我深入地理解了中国工会的目的和解决问题的方法，于是决定参加，还提出了一些建设性意见，方便像我们这样的全国连锁企业能够以企业为单位组建工会，而不必一店一工会。总工会也予以采纳，双方从此合作愉快。肯德基工会成为我们人力资源部门很好的合作伙伴。我后来还有机会向其他跨国巨头，如沃尔玛，介绍我们的做法。到现在，大概所有外资企业，在中国都有工会了。

这个例子，说明了很多事情都自有道理。"人际关系"本来就是一门大学问，应该仔细审阅和思考，不必跟着西方起舞。

总之，公关团队的任务绝不只是去找门路，或者让危机"大事化小，小事化无"，更多的是防微杜渐，帮公司了解外面的情况与动态，平日就做好准备，需要的时候才能派上用场。而CEO也必须重视和积极参与，这样才有机会见到重要的决策者，得到最有用的信息和反馈。

肯德基因为名气太大，树大招风，经常会被找麻烦。有些人容易沟通，问题还不大，就怕有些人似懂非懂，还坚持成见，或者存心蹭流量，唯恐天下不乱。因此，我认为做PR团队的投资，非常必要。

中国市场广阔，情况复杂，挑战巨大，因此我们在每个市场都设有一支不小的队伍，总部还有不同人负责不同品牌与相关业务，因此形成了一支超过 200 人以上的公关团队，很多专业公关公司也不见得有这么大规模的团队。

形象管理的重要性

其实公关是形象管理（Perception Management）的一部分。严格来讲，我们所有品牌活动，包括广告、促销，都是 Perception 的重要手段——让别人眼中的自己，符合自己想要的形象。只是我们传统训练出来的企划人（Marketers），都只晓得传统招数，花大钱拍广告做促销，想办法取悦消费者。殊不知政府、媒体的作用和影响极大，更需要形象管理。只是在传统跨国公司，没有人去做这些事，荒废了武功。等到出事的时候，才想亡羊补牢，找公关公司帮忙发声明、做公关活动。但往往结果是花了钱还不能消灾，品牌形象大损，甚至可能一蹶不振。

国内早期的政府与媒体环境，确实与美国不同，必须投入资源做政府与媒体公关。既然如此，不如顺势而为，把该做的事情做好。

我秉持这样的思路，在公司有一定规模及名气以后，开始严肃思考，如何做好我们的公关工作。

在政府关系方面，除了解决初期公司设立的问题外，我们还有大量的地方公关要做，每一家店都需要通过各种卫生、环保、消防检查，某些地方还需要特别申请电力，或其他配合。如果让营运或开发营建团队来做，这些工作都不是他们的专长，也很难在每个城市都有能力做好。因此，我们每个市场都需要一些人，专门负责解决这种问题。每个市场的总经理，也需要支持他们工作，每年排出时间，去拜访各级领导，让他们知道肯德基对当地发展的贡献，也让各级官员知道政府对我们的重视。这样一来，很多问题和挑战就容易解决。万一出了什么事情，我们也知道应该找谁，并在第一时间找得到。所谓"养兵千日，用在一时"，就是这个道理。

我们的政府公关，还有一个很重要的目的，就是对行业政策的制定产生积极影响。

早期，相关部门对现代餐饮业、连锁业和特许经营应该如何管理，都缺乏经验。万一不慎，就可能出台一些对企业不利的政策。我们希望政府可以借鉴发达国家的一些做法，少走弯路，营造更健康的营商环境，吸引更多跨国公司来中国投资。

所以，一方面是我们自己做工作，另一方面是通过各种协会做工作。

我每年都会花一些时间去北京,在团队的安排下,拜访有关部委的领导。主管商业的是商务部,但食品安全相关的单位不止一个,有农业部、卫健委、食药监、国家工商总局(现在的市场监督管理总局)……都是必须经常保持沟通的单位。

我们也大力支持各种行业协会,尤其是中国连锁经营协会(CCFA)。中连协是改革开放后应运而生的一个协会,对协助商务部推动发展现代零售、餐饮业、连锁加盟经营等起着重要作用。

我们从中连协成立的第一天,就积极支持参与,我自己也是理事会成员及副会长,直到退休。中连协每年都要帮助政府做各种调研,也会组织会员单位做专题研究,向政府提出各种建言,在政府与企业中间起到了很好的桥梁作用。

在媒体关系方面,公关团队的作用更重要。水可以载舟,也可以覆舟。做得好,品牌得到积极宣传。一篇正面新闻或软文,效果往往胜过十个广告。但是如果有负面报道,它们就可能对品牌造成极大伤害。

因此我们必须要认识媒体,了解媒体,建立起有效的沟通管道,这样就不会等出事的时候再临时抱佛脚,叫天天不应,叫地地不灵。

我作为 CEO，也有责任每年花几天时间拜访重要的央媒和地方媒体。一方面听听他们的意见，了解政策和趋势；另一方面也为团队搭建平台，便于大家日常联络。

亏得百胜有这样一支可以打硬仗的专业 PA 队伍，我们才能心无旁骛，专心做自己的事。

危机管理

这本书，最难写的章节，应该就是这一段了。

肯德基自进入中国以来，每隔一段时间，都要遇到些"大事"，一直到我退休前两年，遭遇的"福喜事件"，搞到麦当劳的汉堡里面都没有生菜了。好在这几年还算相安无事，当然偶尔的风波还是会有。

作为中国最大、最出名的餐饮品牌，肯德基的任何一点事情，都会被放大到显微镜下检视，政府也非常紧张，唯恐被指责没有积极作为，所以往往在第一时间就大张旗鼓地带着媒体来兴师问罪。这种情况一旦发生，就很难解决。我作为 CEO，必须毫不犹豫地站出来，带头处理，而我们的 PA 团队在这种时候，就更显示其重要性，不分昼夜地查找真相，积极协调内外，直到找到解决方案，才有可能化险为夷。但可惜有的时候误会已深，伤害了消费者对品牌的信任。此时唯有时间，是抚平创伤的良药。

很多人都想不通，为什么百胜这样的大公司却好像总是有事情发生，难道不应该是相比之下最安全、最值得信任的公司吗？百胜如此重视营运团队的训练及管理，对上游供应商及物流环节更是严格要求，各种飞行检查，质量追踪体系健全，绝对是全中国食品企业里的楷模。事实上，也是如此。消费者出门旅游，不知道吃什么的时候，就会首选肯德基，因为可以让他们安心食用。那为什么又会出现像"苏丹红""速生鸡""福喜事件"这样无人不知、无人不晓的大型食品安全事件呢？

每次事件发生后，我们都会虚心检讨，严查事件发生的前因后果，并且勇于承担责任，拿出具体行动，从源头上解决问题。但事情发生的时候，那种被各方媒体追杀、各种检查包围、不容辩解的日子，确实让我们很难过。消费者搞不清状况，宁肯信其有，因此不敢来店里消费。平时喧闹的门店，一下子冷冷清清。美国总部和华尔街都看不明白为什么会出这么大的事，我们也一下子很难用三言两语解释清楚。

好在现在国内的媒体环境、政府作为都与当年大有不同。当下这个时间点，我可以稍微说明一下事情的来龙去脉，有助大家了解真相，知道百胜中国到底是怎样一家公司。

"苏丹红事件"

发生于 2005 年，起因是英国的卫生机构在例行检查中，发现麦当劳与亨氏的部分产品中含有苏丹红。苏丹红是一种工业用染料，不能使用在食品中。因此，对两家企业以及另外的几家小企业进行了处罚。这件事传到了国内，国内相关政府部门开始全国检查，媒体也做了跟进报道。

我们知道后，马上开展自查，在一家供应调料的供应商产品中居然也发现了苏丹红，我们马上停止采购，并且根据供应商提供的信息要求每家店清查库存，立刻废弃，同时安排另一家没问题的供应商连夜加工生产相关调料。本来以为这件事就结束了，没想到阴差阳错，有一家店竟然还有几包供应商没有告知问题批号的库存，而且被地方执法单位抽检，测试结果是阳性，就要求我们下架全国所有相关产品，把完全没问题的产品也停售了。消息一出，举国哗然，许多人觉得不敢再吃肯德基了，再加上媒体报道说，苏丹红是三级致癌物，更是让人闻红色变。

我们后来学习到，三级致癌物并不像它的名称所说会致癌。从人体实验及流行病学角度来看，三级致癌物并没有致癌的直接证据，但为了更多安全保障，就立法加以禁止。既然法律已经明文禁止，就不应该往食物里面添加，这个道理很简单，但就是有黑心企业见利忘义。

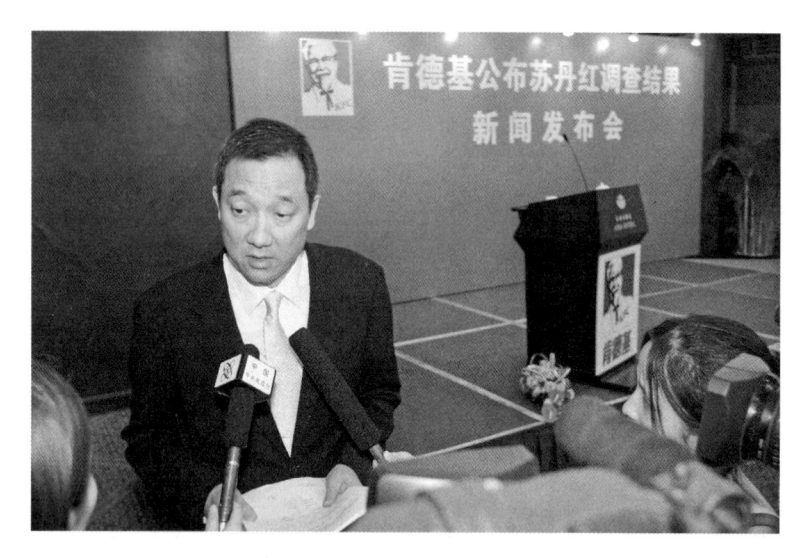

2005年3月,苏敬轼在肯德基公布苏丹红调查结果新闻发布会现场接受采访

当年国内除了2002年"非典"和2003年"禽流感"等公共卫生事件外,还没有真正经历过大的食品安全事件的考验。政府没经验,媒体没经验,公众更是白纸一张,当年所有人都不清楚"食品安全"管理这个概念。因此,"苏丹红事件"造成的巨大社会影响,在我看来也是一个必须经历的"痛苦"的学习过程。只是当时,已经拥有相当体量和影响力的肯德基承受了远远超出企业所应承受之痛。

"速生鸡事件"

发生于2012年。有记者在山东的一处养鸡场暗访,发现有养鸡的农民在饲料中掺入一种本不该添加的生长激素——地塞米松，就继续追踪，发现这些所谓的"问题鸡"被送到六和公司的工厂进行屠宰加工。六和的工厂有许多条生产线，加工的鸡也来自不同养鸡场。百胜在六和有专门的生产线和指定鸡舍，也都经过百胜QA和采购的检查和认证。记者拍摄到许多物流车辆从六和出发，把加工的鸡肉产品送往全国，其中当然也拍到了百胜的物流车辆。没有任何证据链，但记者想当然就认为"那些问题鸡经过加工供应给百胜旗下餐厅，这是多么大的新闻"，于是魔鬼剪辑，得出了肯德基使用速生鸡的结论，并在重要电视台播出。想想看，这是多么严重的事件。

与此同时，坊间早就传说肯德基的鸡45天养成宰杀，这与我们传统概念中黄羽鸡比较长的成长周期大相径庭。这两件事情放在一起就变得合理了，因此相关媒体咬定肯德基的鸡不能吃。

这起报道事件反映出来几个问题：

（1）肯德基使用的是白羽鸡（全世界快餐企业使用的都是这个品种），而白羽鸡确实长得快，40多天就可以宰杀，用在许多菜肴制作上，比黄羽鸡占优势；

（2）鸡在饲养过程中容许被喂养相关部门批准的营养剂和禽用抗生素，但吃多少和宰杀前多久就要停药（让药物可以排出体外）都有严格规定；

（3）一家鸡舍出问题，不代表所有鸡舍都出了问题；

（4）有一批鸡肉出问题，不代表六和的鸡肉全部有问题；

（5）没有任何直接证据指向，那一批出问题的鸡肉被送去了肯德基；

（6）没有与我们当事企业做任何采访和取证；

（7）我们事后检验鸡肉，也没有发现任何问题。

但是消费者没有意愿也无法冷静下来听这么多解释，我们只能打落牙齿和血吞，向消费者致歉，并承诺彻底整改。我们也确实举一反三，认真做检讨，担起解决行业问题的责任，针对中国家禽养殖环节的各种问题，推出了著名的"雷霆行动"。具体内

2013年，肯德基关于"雷霆行动"陆续举行了三次新闻发布会

容，详见专门论述"食品安全"的第 14 章。

"福喜事件"

发生于 2014 年。福喜公司是美国公司 OSI 的下属企业，本来专门服务麦当劳，供应各种肉制品和生菜，是全世界最先进的大型供应商之一。麦当劳在中国发现成本过高，无法与肯德基竞争，因此要求供应商向外发展新的客户，分担固定成本。福喜就找上百胜。我们对有资质的供应商，当然来者不拒，也希望引进供应体系增加竞争，就要求他们走流程，先从必胜客的几个小 SKU 开始。

但没想到的是，福喜公司的管理人员竟然把客户退货的原料重新加工，做成新的 SKU 二次出售。这件事情还涉及冷冻产品是否超过质保期、加工过程中的卫生管理等问题，后来发生了被员工举报、媒体卧底采访并播出，执法单位当晚登门检查而福喜拒不开门等一系列大动静。

本来整个事件已经很荒唐了，福喜还坚决不认错，认为自己有重新使用退货生产成新产品的自由（在美国确实可以），美国大老板还亲自来华，召开记者会说要捐款多少百万美元，帮助中国改进食品安全。这一下子引来众怒，媒体和网络上全都是讨伐福喜的声音。

福喜当时的客户几乎覆盖了国内知名的所有西式餐饮品牌，大家集体"中枪"。不论原料是否有问题，都不得不下架和福喜相关的所有产品。

当时百胜使用的福喜产品数量很少。我们旗下所有品牌，包括百胜全球宣布全面停用福喜产品。

其实麦当劳才是福喜最大的客户，也是这起事件的最大受害者。他们宣布停用上海福喜产品后，连汉堡里的生菜都断货了，再加上大部分汉堡被牵连，全国餐厅很长时间内都只能供应鱼堡和几款甜品、饮料。

最后福喜中国的几名管理人员被判了刑。福喜在中国辛辛苦苦打造的事业一夜之间归零，从此一蹶不振，几个工厂后来也都被卖掉了。

肯德基经历过各种惊涛骇浪。每次在风口浪尖的时候，都很难向外界完整陈述真相。如今时隔多年，容许我略做说明。

勇担社会公益责任

社会公益行动，是现代企业几乎必须要做的工作之一。如果不做些回报社会的事，仿佛这家公司只知道赚钱。跨国公司更是把社会公益行动作为管理的一项重要工作，甚至列入KPI的一项

苏敬轼带队给山区孩子送营养餐

曙光学子在肯德基

13 人心为上做公关

指标，上市公司的年报里还要有专门报告。

大多数公司都有自己选定的社会公益项目，往往都会跟自己的产品和服务有关，回馈社会的同时，也彰显自己的品牌在行业中的地位。

百胜是一家餐饮公司，自然也会选一些与食物相关的项目。我们在国内致力于打造"新快餐"，更是希望通过自己的力量帮助我们的消费者做到"均衡饮食，健康运动"。

我们历年来做的公益项目很多，这里简单介绍两个比较有意义的项目——"捐一元，献爱心"与"曙光基金"。

百胜中国因为中国市场与品牌的特殊性，很少参与百胜全球的品牌活动，除肯德基更换 Logo 之外。但有一个行动，我们积极参加，而且做得比任何一个国家和地区都好，就是"捐一元，献爱心"。

这是一个与世界粮食计划总署（World Food Programme, WFP）合作的项目。WFP 是联合国下属组织，专门从世界各地募款，援助世界上贫穷落后地区，解决粮食问题。百胜全球从 2007 年起与 WFP 合作，以在餐厅募捐的形式劝顾客捐款，然后捐给一些极度贫穷的国家或地区。

我们自 2008 年加入这个行动，但有自己的规划。来店里消费的顾客如有意愿，只需要捐一元表达心意即可。我们再将收到的钱用于帮助中国山区的贫困儿童改善饮食，例如买鸡蛋和牛奶。

百胜在中国的店多顾客多，每年活动期间，都能募捐到几百万元，对山区儿童的营养改善帮助很大，WFP还因此特别向我方颁发奖状，感谢我们的突出贡献。

这种向顾客劝捐的模式，一开始并不顺利。很多人觉得捐钱是富人的事，而且要捐也是肯德基捐。其实，百胜中国要承担活动的所有开销，标准参照餐厅收到的募捐额总数的百分之七来计算。我们这样做的目的，一方面是希望有更多人共襄善举；另一方面，也是传播"勿以善小而不为"的理念。

今后您再看到百胜旗下餐厅劝捐的时候，还望理解，并多加支持。

肯德基与中国青少年发展基金会合作成立的"曙光基金"，是我们社会公益活动的主要项目，也是我非常引以为傲的创新举措。

曙光基金的英文名是 First Light Foundation，主要针对贫穷家庭的孩子，帮助他们念大学，成为全家甚至全村的希望，看到人生的第一道曙光。

很多公司做公益活动，就是捐钱。钱虽好，却未必能解决问题。曙光基金也给钱，但做得远远不止这些。我们每年都会与遍布全国的一批大学合作，在入学新生中甄选出有需要的贫困大学生，提供全额奖学金，解决他们没钱读书的困境。但是我们同时要求他们每年寒暑假，到当地的肯德基打工，薪水照领，但不能缺席。我们的目的就是让这一批初进城市、偏羞涩内向的学生，能走出宿舍、图书馆，进入社会，学着与人打交道。我们肯德基餐厅经理就是他们的哥哥、姐姐，负责培训他们如何做好工作，与顾客和伙伴互动，成为一个快乐自信、善于与人沟通相处的年轻人。

我们还帮他们以学校为单位，成立"曙光学子"社群，帮助有相似背景的新学员，更快融入社群活动，开展丰富的校园生活。

对于毕业的学生，我们也让他们继续留在社群中，帮助后面的学弟学妹。我们也强调曙光学子在社会立足、有能力以后，向曙光基金捐钱，让基金可以帮助更多人。

"曙光基金"完整设计了一套帮助年轻贫困学生，从"受助"到"互助"再到"助人"的转换。让一个不知如何被接纳的贫困小孩，能循序渐进地成为一个社会中坚分子，而且时时怀着回报他人之心。

我在任的时候，每年都会选一个城市，与当地的曙光学子们交流。我非常喜欢听他们蜕变的故事，听他们讲述自己如何克服万难，努力读书，才能争取到上大学的机会；又如何在肯德基餐厅找到温暖，学习到人生最重要的课程。

这些年轻人的蜕变与进步，才是对我们长期付出最好的回报。

百胜公关的"百字箴言"

上述几节,描述了我们的公关部门的职责,以及他们扮演的角色。

我们的确不像传统的公关部门,天天应酬喝酒吃饭,以寻找方便和特权,更不只是在危机发生的时候,才出来收拾残局。

我希望我们的公关部门,能够认真认识自己的身份与职责,代表公司诚心诚意地对待每一个人,营造一种健康互利互信的关系。大家诚信地互相欣赏,互相帮助,共同打造一个充分沟通、充分谅解的工作环境,共同为建设一个和谐社会而努力。

我与公关部门并肩工作一些年头后,有一天突然文思泉涌,写下了一个针对 PA 管理的百字箴言。

诚信为本

公司代表,谨言慎行;着眼未来,经营品牌;
善用工具,马步扎实;有效创新,领动风潮;
广结善缘,精交益友;虚心聆听,真诚建言;
不卑不亢,适如其分;周旋小人,不畏其烦;
严于律己,宽以待人;尽心竭力,依法维权;

择善而为，贡献社会；支持政府，和谐发展。

　　有心的读者或许能看出其中的深意。一个好的公关团队，绝对不只是公司的雷达站和清道夫，更应该是个品牌打造者（Brand Builder）和有效大使（Effective Diplomat）。

　　在 PA 团队工作多年的徐慧，2024 年出版了《人心为上做公关》一书，关于公关如何做到实处有很多极佳的分享。如果你是公司的 CEO，或是品牌负责人，都建议买来好好阅读，认识一下公关可以扮演的角色。如果你自己就是公关的从业者，就更应该买来仔细阅读，看看你是否错漏了什么。

14

最费神的食品安全

什么是食品安全

食品安全说起来好像人人都懂，但又说不明白，怎样做才叫安全？什么时候不安全？

全世界的法律对食品安全都讲得不太清楚。如果食物确实坏了，人吃了会生病，那当然是不安全的。但如果是摄入了很少量的受了污染的食物，对人体影响未知，这个时候该怎么办？

人类文明虽然已经高度发展，饮食也有几千年的文字记录，但真正把食物当科学来研究，也不过是几百年的事。食物中的各种养分与危害，也只弄清楚了主要的几个大项，还有很多成分根本弄不清楚。因此食品科学还有很大的进步空间。

为了保护老百姓的生命安全，各国政府都会根据本国人民的饮食习惯建立自己的食品安全标准，要求生产厂家严格遵守。大家也以这套标准来判定食品是否安全。如果合乎标准就认为是安全的,反之则不安全。

这些标准,也会随着经验的累积,和国家间的交流与对照,而逐年修正。大家也都以此为准,随时修正自己的作为。

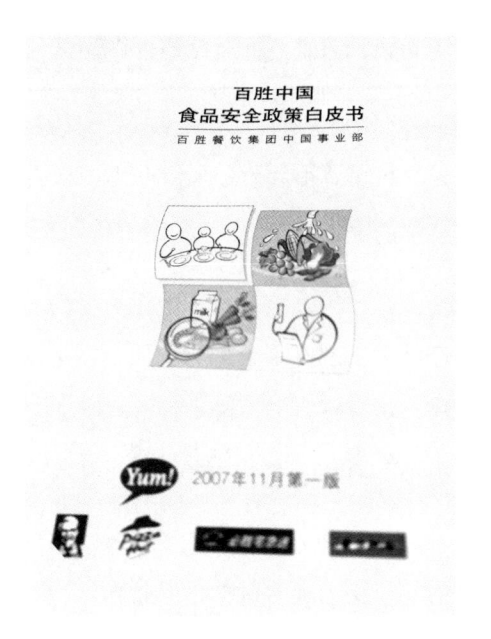

其实这些标准,都

《百胜中国食品安全政策白皮书》

有一定的随机性。很多物质,我们并不清楚它对人体的真正危害作用,如果有合适的替代品,我们就会要求生产厂家不准使用。但事实上人体摄入后,也未必一定有事。但没有核准前就是不能用,添加了这些物质就是违反食品安全标准,就要被处罚。还有些检测手段,其实也不是完全规范,使用的测试工具受限于精准度(精准度越高,成本就越高),因此测试结果也有一定差异。为了方便管理,会适度地降低检出上限,留出一些容错空间。还有一些测试,因为真正要测试的物质难以检测(或者不方便,或是太贵),就用替代物来检测,只要测出异常,就表示有可能出了问题，而需要针对性地再做测试，来决定是否真的出现违规。

所以，就算是出现了违规物质，是否真的有问题，是一个需要审慎调查的过程。必须小心、全面地调查取证，才能最后做出科学的决定。

可惜绝大多数人都没有这样的认知。人们一旦知晓某品牌的产品被发现有不合规的物质，马上就认定为是严重的食品安全事故，仿佛自己吃过的东西立马是不安全的，这是一种自发的自我保护，但其实还是要科学理性看待。

相对而言，西方社会对处理食品安全事故有较多经验，政府、媒体与老百姓，早已见怪不怪。但前些年，我们对这些物质还不清楚，再加上发生过很恶性的事件，如三聚氰胺奶粉事件，就很容易让大家往最坏的情况去联想。我们当然应该重视食品安全问题，但如果经常喊"狼来了"，只怕反而让人麻木了。

所以，食品安全的科普教育显得尤为重要，日常相关部门应该多科普一些关于食品安全的知识。一旦有食品安全事件发生，相关部门应该主动站出来，向老百姓解释清楚问题的本质与风险的大小，避免过度惊扰社会，造成无谓的恐慌。

我们做餐饮的企业，最怕的就是发生食品安全事故。我们自2006年3月开始，成立了"百胜中国食品安全咨询委员会"，邀请了包括中国工程院陈君石院士在内的顶尖专家，指导并帮助我们认识了解食品安全领域的重要知识和风险。每年这个会我都保证出席，认真督导团队成员好好学习，并且研究在供应链中是否还有薄弱环节，并及时处理。我们也会主动与政府主管部门保持联系，互相通报最近的发现和重点问题。

早些年，国内有关部门缺乏这方面的认识，更别说对民众做科学教育，因此只能从民间入手，支持一些专家成立食品安全网站，平时可以发布一些专业报告。一旦发生食品安全事件，媒体可以进行咨询，避免胡乱报道。好在出了几位非常杰出的专家，做了大量科普工作，对大家理性认识食品安全起到了非常正面的作用。

在国外，政府是最重要的权威信息来源。美国食品与药物管理局（Food and Drug Administration，FDA）和其下属的疾病控制与预防中心（Centers for Disease Control and Prevention，CDC）都会在任何食品安全事件发生的第一时间，对公众进行指导，媒体也会以此报道。

有一段时间我去北京拜访各部委，最重要的话题之一就是建议建立发言人制度。现在看来，这个建议被听进去了，各个部委都有了自己的专业发言人，定期与媒体交流沟通，出了事也可以第一时间进行说明和引导。如今，媒体的乌龙报道已经越来越少，老百姓的日子也算过得平静了。

预防才是解决问题的根本方法

现在的食品安全相关的法律法规,都是以供应链末端的企业为第一责任人。只要出现任何问题,餐厅要负起责任,当然也要溯源找到出问题的环节。但这时为时已晚,有问题的原料可能已经流通出去。

所以,所有食品安全措施都强调,每一个环节的供货都要索证索票,以方便溯源,同时要求持续性地进行安全检测,对可能出现的农残、药残和异物进行检测。每家企业为此都要动用大量人力、物力务求合规。由于可能污染的物质很多,抽检的样次和频率也很重要,百胜设立了专门的质检部门,还特别设有食品安全官,负责决定每一个 SKU 可否使用、如何检测等事宜,对任何产品或供应商都有一票否决权。我们绝对是把食品安全摆在第一重视的位置。但是管理手段再多,还是很难完全杜绝问题。测试再多,如果不知道要测什么,也无法防范非法添加物的出现。

所以,对全链条的每个环节,都需要所有成员能主动积极地守法,才能保障真正的食品安全。

百胜历次的食品安全事件,真正在门店里发生的少之又少。出问题的几乎都是供应链上游的某个环节。

以"苏丹红"为例。把苏丹红加入辣椒粉是最上游的第一层供应商所为。苏丹红本来就不该加入食品原料中，但偏偏有无良厂商，为了节约成本，用苏丹红来替代比较贵的食用级红色素为辣椒原料增加着色。

所以对上游企业的准入管理很重要，务必不能让一颗老鼠屎坏了一锅粥。

我当年去拜访相关部门，建议建立一套完整的食品工业准入制度，不能达标的企业一律不能进入这个行业。后来国家推出了 QS 制度，食品生产企业必须在生产环境、生产设备、制造工艺、产品标准等方面都取得 QS 认证（2015 年 10 月改为 SC），还必须定期更新。这个制度非常重要，也起到了很好的预防作用。

但是在加工环节，仅凭拦堵还是不够的。90% 的问题都是发生在相对偏远、落后的地方，人们受教育程度较低，往往为了一点小钱就铤而走险，加上不法商人推波助澜，可恶可恨的食品安全违法事件就发生了。

以"速生鸡"为例。激素本身其实很贵，单纯为了促进生长使用激素是不划算的。但是有的地方因为鸡舍设计不当，或是地处家禽疫情高发地区，为了降低鸡只死亡率，就滥用禽药，或增加违禁药品，这才导致了后续一系列问题。也有不肖厂商，在合规药品中擅加其他成分，让农民误以为有效，也是问题的原因之一。

这些问题，都不是法律问题，而是对生产源头的管理不到位所致。

我每年拜访相关部门时，都会请求其重视农村的食品安全问题，包括农作物种植和家禽饲养。

为了正本清源，我们在"速生鸡事件"发生后，决心以自己的力量，打造出一条安全的鸡肉供应链，我们把这个创举叫作"雷霆行动"，用以彰显我们的决心和执行的力度。

（1）我们邀请国内外的专家学者和拥有最好 Know-how 的供应商，与我们团队一起，建立了一套自己的鸡舍设施和管理标准，要求所有供应商严格执行。不达标的农舍，一律不准进入百胜供应链。这一套标准远远超过国家标准，后来被行业内普遍执行。

（2）我们积极推广如圣农这样企业的先进养鸡模式，并逐步过渡到向这种安全性高、不需要或少需要使用禽药的企业采购全部原料。这种从根源上对症下药的措施，基本上断绝了违规用药的可能性。

（3）我们实施肯德基专用的禽药供应商名录。不在名单上的药品一律不准使用。这样就极大限度地掐掉了不良厂商的生路。

百胜联合业界专家编写了《肉鸡养殖技术手册》《肉鸡养殖兽药使用管理指南》

"雷霆行动"的力度之大，前所未闻。从政府到协会，都对百胜这种远远超过企业责任的行为，以及对供应秩序的帮助大力肯定。

我们其实也不想这么累，但必须有人带头去做，只希望我们的生产环境因此越来越好。

15

财务不是守门神
更不是猫捉老鼠

很多人不了解财务部门的目的

很多人都会有一种错误认知,即公司的财务部门是专门来找麻烦的部门。这也不怪他们,因为在大多数公司,尤其是跨国公司,财务部的角色就是跟人作对。

一般公司的财务部门主要分两大业务——规划(Planning)和会计(Accounting)。规划的责任最大,会计只是记账,与我们关系不大。

规划最大的责任,就是做好每年一次的预算,然后是每一季度的更新。如果生意不好,达不到预算,麻烦就开始了。总部与区域总部为了达成自己的预算,就会不断要求开会,看有什么地方可以开源节流。有时明明 BU 自己做得不错,但是为了达成总部任务,必须"牺牲"一些,"成全大局"。为了保护好自己的预算，大家都学会了"低承诺、高达成"（Under-promise，Over-deliver）。每年报预算的时候，就想方设法压低预算，这样容易达成，对年底奖励分红都有好处。总部的人也清楚这种心态，就不停地开会、不停地挑战 BU，这种会就一直开，浪费了所有人的时间。尤其在跨国公司，总部和区域总部因为时差，还得轮流半夜里开，弄得人仰马翻。

各个 BU，同样的戏码也在上演。每个市场，每个部门，也都希望把目标放得"合理"些，这样容易达成。财务部为了达成"上面"给的目标，就会不停地"审核"（Review），一份预算开多少次会都谈不下来，劳民伤财，莫过于此。

我对这种戏码毫无兴趣，也觉得浪费大把时间。有那些时间，多少事都干完了。

我在百胜的时候，非常清晰地和老板说清楚了我的原则——我对年终奖金多少，一点也不在意。我做事是为了理想，要做对的事，所以不要和我谈钱，否则只能让你失望。我这样一表态，他也不知怎么回答，只能告诉他的财务部门小心从事。这么一来，我的 CFO 就好做事了。

对内，我也是一样的原则——别跟我玩游戏。我只问每个团队：策略是什么？为了达成策略，我们要做什么投资？哪些事情证明没有效果，是否就该停掉了？总之，一切以合理为原则。你如果故意把目标定低了，那就会少得到一些资源，对你也没有好处。目标定高了达不成，也会影响到你自己的信誉。

内部真正的目标确定了，管理外部就简单了。这就是我们财务部每年最大的任务，帮助大家处理与总部的交涉。

我的几任 CFO 都很聪明能干，对总部有问必答，一切公开，而且懂得轻声细语，态度平和，但该拒绝的时候也毫不客气，一个软钉子就送上去了。

他们都得到我的充分授权与支持，所以总部财务说不过他们，就去找我老板，但也没有用。David 知道我的个性，软硬不吃，他也一点办法没有，只能交代他的 CFO 差不多就算了。

因此，我们每年花在预算讨论上的时间很少，主要工作财务部门的同事都做完了。当然，我们的生意始终很好，每年都交上漂亮的成绩单。生意好的时候，开会都容易了。

财务部门对我来说最重要的功能是帮助大家做决策，我们每个决策几乎都与财务计算有关，都需要评估风险和投资回报。而很多公司弄得像暗箱作业一样，随意设定投资门槛，造成想做事的人无所适从，该投资的不投，不该投的乱投。

在百胜，我要求所有人必须懂得财务计算的模型（Model，一般是 Cash Flow Analysis，现金流分析）和其中的关键假设与回报门槛（Hurdle）的要求。对自己认为对的事，要懂得如何据理力争，不能推诿给财务部门。而财务部门也有义务，帮助大家了解审批的原则，主动帮团队弄清楚该不该投。

财务部门同事一旦成为投资决定的专家后，就可以加大、向前推进他们对各种决策出谋献策的参与。我们在开发部里专门设置了一个财务团队，在开发决策的初期，就介入提供指导。同时，针对过去的开发结果进行深入分析，得出的结果对未来的决策有极大帮助。类似开发这样财务前置的做法，在百胜其他部门也很常见。

我非常重视财务决定的专业性与透明性。就算对总部，我也是全部摊开，甚至主动要求总部派人来华，担任财务部重要职务。大家越互相了解，就越互相信任，其实大家的利益都是一致的。这些来华人员，很多来了就不想回去了。

财务还有很多有用的功能

很多公司的财务部，都是一些非常安静内向的人，尤其是会计部门，每天盯着电脑，管着谁没有附上发票、账为什么对不齐……这类琐碎的事情。其实财务部还有很多功能，如审计、税务和资金管理（Treasury）等，如果是上市公司，还有负责股东和华尔街对接的投资关系（Investor Relations，IR）部门。

其实这些部门都有很重要的作用，只是一般人不太注意，公司也不知道如何让它们发挥更大的作用。

审计其实是非常有用的部门。任何部门是否按照公司的流程做事，都可以通过它们来检查，并且督导改进。我个人非常相信审计的作用，因为只有完成了"标准、训练、审计、奖惩"的闭环管理，才有可能让一个团队所有成员都能有一致行动。像开发部门，我们就特别成立了自己的审计团队，经常在全国各市场进行审计。

税务部门和资金管理部门都是可以帮公司创造很多价值的部门，只是它们的工作一般人看不到。至于投资关系部的工作更是关键。保持与投资者良好的沟通，管理好华尔街分析师对公司的预测，都是让公司股价能在合理区间运行的重要保证。

总之，有个好的财务部门，可以帮公司最优化地运用资产，同时保证决策的科学与理性。好的 CEO 一定会很好地运用他的财务部门。

在我任内，担任 CFO 时间最长的是谢慧云（Lily Hsieh）。她是我很重要的帮手，基本上所有财务相关的事都可以放心地交付给她，她也从来没让我担心过。Lily 为人谦和有礼，非常懂得如何与美国人沟通，加上有我和 David 的支持，基本上都能自己做好决策。而且团队的成员都乐意向她请教，她也很有耐心，帮着大家认识财务决策的逻辑。慢慢地，大家也都学会了如何第一时间就能掌握决策的要诀，等到上会再报方案的时候一次就过，不会浪费大家的时间。

每一个公司都应该重视自己的财务部门，千万不能把它们当成一个衙门，而是要让它们充分发挥专业能力，从而做出最大的贡献。我们百胜每年的业绩很大一块都是来自财务管理的贡献，比如回购股票、投资短期票券、贷款和债券的灵活管理等，千万不可小觑财务部门的贡献。

16

人人都能做贡献,团队都能打硬仗

每个管理者都应该是 HR，也都该懂得做决策

绝大多数公司都没弄清楚 HR 的角色，以为就是帮助各级管理人、处理人事问题的部门。出现了任何问题，不管是员工对老板不满意，还是公司的升迁不公平，管理者都是躲在 HR 的后面，希望 HR 能帮他解决问题。如此这般，就制造了员工与 HR 之间的很多矛盾，也让 HR 疲于奔命，没有时间做正事了。可惜的是，很多 HR 还误以为这样子很好，自己大权在握，人人都要讨好 HR。

我当年招了一大批营运的人，派他们去管市场，但这些人没有受过 HR 训练，不懂得公司的用人制度和薪资政策，因此不懂得如何安抚员工情绪，甚至有时还会带头起哄，拿一两个别家公司待遇比较好的证据，向 HR 兴师问罪。

这么多市场总经理都来讨说法，而且态度都很强势，HR 也不知道如何应对，只能来找我。

我思前想后，此风不可长。身为总经理，怎么可以不懂 HR，还以偏概全，挂一漏万，自以为是地兴师问罪？于是我决定自己出马，把所有市场总经理都叫到一起，给他们上课，内容包括现代企业如何制订薪资方案、评估等级等。同时我容许他们的各种尖刻发问，并一一解答。最终他们明白了 HR 工作的不容易，和制度上如何可以通过时间让一时的不公平现象逐步获得解决。

其实人就是这样，你知道得越多，就越能相信制度的公正，一旦相信了，就可以代表公司，第一时间解释给员工听，很多不必要的误会就可以解决了。

后来，我们要求所有做管理的人都必须接受面向非人力资源人员的人力资源（HR for Non-HR）的训练。其实没有那么难理解，训练实施以后效果非常好。至于别的公司，非要把事情做得神神秘秘的，毫无必要。

我们慢慢发现员工训练的重要性，因此我格外重视培训课程的设计与执行。我依据自己的调查与经验，特别要求员工在不同职级时必须上的一些课程，这里举例如下：

一个课程是"成功人士的七个好习惯"。这一套课程是美国人 Stephen Covey（史蒂芬·柯维）非常有名的课程，十分切中一般人容易犯的毛病。我们要求所有管理人员必须轮流担任授课讲师，这样就可以保证大家都身体力行，以身作则。

另一个课程是"全面质量管理"（Total Quality Management）。这是一个历久不衰的课程，主要教如何把对的事情第一次就做对（Doing the right thing right at the first time），其中会教如何在工作中与自己的供应商（上游的工作伙伴）和顾客（下游的工作伙伴），互穿对方的鞋子走一里路。这个概念其实很简单，但很多人都不知道自己与其他工作伙伴之间互相依赖的关系，更不知道如何互相理解，挖掘出更大的潜力，做出更好的抉择。

2001 年，我去迪拜出差，居然鬼使神差地在半夜的迪拜机场撞见了我当年台湾 P&G 的老领导——英国人 John O'Keeffe。当时 John 年纪尚轻，就已经从 P&G 退休，专心推广他的一门大师课 Business Beyond the Box（BBB，打破常规思维）。我和他在机场聊了一会儿，他向我介绍了他的课程，后来还寄了他写的书给我。我本来就非常佩服 John，相信他的课程也一定很好，就带着我当时的培训总监罗淑莹一起去了一趟伦敦，上他的大师课。我们两个人听了 John 的课，如获至宝。他的一些概念，太符合我们想要的管理模式。回来以后，我就与 John 协商能否让我买下在中国自己授课的权利。John 其实一直坚持自己授课，但我告诉他，我必须以中文教课，同时主动提出把中文翻译送给他，他才勉强答应。

这套课程对我们百胜中国的团队有极大的助益。我原来的一些似懂非懂、说不清楚的概念，突然有了非常合乎情理的体系支撑。后来我们把这门课作为 AC、经理级别及以上员工的必修课程，由资深管理人员亲自授课。我常觉得这是上天赐给我最好的礼物。

后来，我又自创了一门课——Make Better Decision（运筹帷幄，当机立断），简称 MBD。我发现市面上讲经营管理的书多了去了，但各吹各的号，缺乏一套完整的体系，而且更多讲的是如何解决问题（Problem Solving）。在我看来，更重要的是决策能力，但很少有人提及。据我观察，绝大多数管理人员都没有很好的理工科背景，没有接受过真正科学决策的训练。我自己因为喜欢思考，也上过很多这方面的课，读过一些书和研究的文章，因此自告奋勇，设计了这门如何做决策的课程。没想到这门课对很多人有很大的帮助，在工作中真正能发挥作用。这门课就是我 2022 年出版的《正路》一书的前身。

Christabel 是我最好的合作伙伴之一，我后来提升她为 CPO（首席人力资源官）。她从一名培训专家，逐渐转变成为一名优秀的 CPO，与我一同推动百胜文化的创建与完善。2025 年，她会出版她自己多年经验写成的书《返璞归真领导力：40 年实战淬炼》。您如果有兴趣想知道百胜是如何打造自己团队的，那就一定要买来看看。

如何认识培养人才

都说人才是公司最重要的资产，每家公司都想知道谁是公司最该重用、最该保护、最该培养的人才。但多半公司都把这个工作交给 HR 负责，用他们来监督各部门的主管，避免任人唯亲。然而公司规模一旦大了，任何人都很难认识公司所有人。这些人事决策权如果没有使用好，就会造成升迁不公，或者 HR 滥权的问题。而且各个部门容易形成山头，我的人归我用，别人不可以动。

我在百胜全力推动各种跨部门的 Know-how 委员会，主要原因是要打破各部门各自决策的习惯做法，让更多人参与决策，也让决策更加透明。这样做，还有一个非常大的好处，就是人才在哪里就很清楚了。

各个委员会的成员来自不同部门，因此我们有机会看到真正负责项目的员工们的表现，还有机会与他们互动，讨论各种不同方案的利弊。谁真的有 Know-how、真的优秀，几次会议后就很清楚了。我们的各种委员会，CPO 或其他的 CXO 都可以决定是否参加，观察一线员工的表现。这些 CXO 也都是我们人员评估委员会（People Review Board）的成员，平时就有机会近距离观察员工的表现，每年开会审议员工表现，决定其是否升迁调动的时候，大家集思广益，讨论出一些比较适合的方案，而且还可以依据公司业务发展的需要与员工的培训需求，安排员工转岗，更好地运用公司的资产，解决公司的问题。

这个制度有个很大的优点，就是员工有机会在大的舞台上展现出自己的才华，让所有人看到。而高管们也可以近距离观察员工表现，及时找出有高潜力的人才，予以特别照顾和安排，让他们早日担上重任，为公司做更大的贡献。所以我非常推荐成立各种专题 Know-how 委员会。这样一来，不但决策可以做得更快更好，Know-how 得以积累，还可以顺便传播给所有人，最后还能让有才华的人早日出头。一石多鸟，好处多多，何乐而不为？

我们对人才的培养，除了利用委员会这个创新设计外，还采用了多种办法，齐头并进。

百胜中国有完善的培训课程设计。每一个员工在升迁过程中的每一步，都必须接受培训，帮助他们学会如何转换角色。其实每个人在升迁的过程中，都需要重新认识自己即将扮演的角色，从个人实操（Individual Performer），变成教练（Coach），再变成团队领导（Team Leader），最后才是组织领导（Organization

Leader）。每一步都不容易，所以要对症下药，予以协助。

对那些表现突出、有更大潜力的员工，就要指派一些合适的资深领导做他们的导师（Mentor）。HR 也会提供各种工具，辅导导师做好帮助被辅导者（Mentee）成长的工作。

对于有更高成长空间的优秀员工，我们更是会专门针对他们的发展，做特别设计，务必让他们在最短的时间内学到最需要的知识和经验。

我们有很多员工，学识经历都很强，就是缺乏国际经验，我们就会安排他们组团出国考察。有个别特殊需要的，还会安排去百胜总部或其他市场工作一段时间。我们也会每年选派一些有高潜力的员工，去我的母校沃顿商学院上课，他们有机会与世界顶尖高手同窗就读，一起讨论，一起合作完成课题，这对他们拓宽视野和提升信心，都是非常有用的经验。他们回来以后，知道自己与世界一流的顶尖高手相比，一点也不逊色，就更加敢于创新思考，发表意见，也更敢于承担责任。

总之，我们对优秀的人才，不拘一格，灵活运用。

另外还有几个例子，可以说明我们用人唯才的决心。

在百胜中国，从来都没有性别平衡的问题。我们的营运团队因为行业特性，女多男少。餐厅管理人员中超过一半都是女性，而且女性员工中个性温和、行事果断的员工大有人在，很适合做团队领导。越是高层，女性的比例越高。

在百胜其他部门，女性做领导的比例也很高。我倒不是偏爱女性，只是男女搭配，工作不累。而且优秀的女性，少了一些自负（Ego），比较容易沟通，也更愿意学习，因此很自然地就会获得赏识与重用。

我在百胜的所有直属CXO，女性永远都超过半数，甚至是碾压式的存在。我退休的时候，CFO、CPO、CMO、CLO、肯德基的CEO……全都是女性。至于传统上女性占优势的企划部和财务部，更是一边倒的女性。

百胜总部每年都要检查各市场性别多元化（Gender Diversity），中国永远走在最前面。

我们确实打心底珍惜多元化（Diversity）。任何人只要有一个特别的长处，就是对团队重要的加分。哪怕他有些短板，团队也会主动帮他遮瑕、补强。我们有些很有创意才华的人才，但他可能逻辑不是很清楚，沟通有困难，那么大家就会帮他表达，充分发挥他的创意才华。

我看人永远不拘一格。当年雇人的时候，并不完全看学历，只要他能解释原因，能够表现出清楚的逻辑思维和学习能力，我就会重用。

随着科技的进步，传统的品牌管理已经不合时宜，好的管理人员必须懂得如何利用现代科技。因此，对未来品牌管理人员的要求会更加严苛，这不是一般传统的品牌管理训练出来的人能轻易胜任的。

我认为在未来的竞争中，懂得运用科技的人更有机会胜出。我很早就注意什么人既懂科技，又能入世、看得懂消费者心态，这才是我们最需要培养的人才。我后来大胆用兵，把原来的CTO，台湾来的黄进栓（Johnson）任命为肯德基的CMO。他表现非常杰出，后来还升任了肯德基总经理。另外一位是更年轻的蒯俊（Jeff Kuai）也是IT出身。小伙子年轻帅气，个子又高，还是复旦大学毕业的高才生，在公司里追到了PA部门的大美女，成就了一段才子佳人的佳话。Jeff在每次的SRB上（后面有专章介绍）都表现出色。他虽然不是委员会成员，但对各种讨论议题，都能很恰如其分地帮助大家快速切入重点，而且思路清楚，口齿清晰，让所有人尽快达成共识。

他后来去美国读了MBA，见了世面，还成功升级做了爸爸。回国以后，我就让他先管理必胜宅急送这个品牌，后来他又升任为必胜客总经理。

百胜中国的两大主力品牌的负责人，都是IT出身，这也是很多人想不到的事。但事实证明，他们的确能带着团队走出一条不同的路。

用兵之妙，存乎一心。做管理的一定要用心思考，与时俱进。

重要的资产保护部

人天生向善，也都会努力自发地让自己越来越好。但只要是人，也可能犯错。人都有些劣根性，例如贪懒、好吃，甚至还会因为控制不住贪婪或愤怒，铤而走险，犯下后悔一生的错误。因此公司大了以后，如何防微杜渐就成为一项很重要的工作。怎样才能让一个个本性善良的青年，抵挡诱惑，而不是一失足成千古恨？

2002年12月，我们模仿美国百胜，成立了资产保护部（Asset Protection，AP）。我把原来的深圳市场总经理吴锦炎（Goh Kim Yian）调来总部，负责AP。Kim Yian是新加坡人。他们这一代的新加坡人，受到李光耀的影响，被训练得是非分明，纪律严明，非常胜任这份工作。

在美国，从事这类工作的人，多半都是从执法部门退下来的，他们都受过专业的训练，了解犯罪心理，也知道如何进行调查与问询（Interrogation），而且懂得法律法规，与执法机构关系良好，对如何准备诉讼、如何报警之类都有经验。

我特别邀请美国AP工作的负责人，每年来中国帮我们培训团队，交流最新的科技与发展，对我们用现代科技手段开展工作很有帮助。我们也找到原来做过上海刑警803的杨刚，协助Kim Yian的工作。后来又挑选了几名来自一线的年轻员工，他们就组成了一个小而精、小而实的AP部门。

我们最大的担忧，当然还是营运。那个年代，餐厅里都是现金交易，确实很容易让年轻人受不住诱惑。就算没有现金问题，员工也很容易自以为聪明，让朋友点餐而不入收银记录，慷公司的慨。这种小利小惠，虽然不是什么大的损失，但此风不可长。一个年轻人更不应该因恶小而为之，如果这样而学坏就不好了。

其实在现代化的餐厅里，早就具备各种科技手段，可以从后台数据里找出不合理的情况，再对比员工上岗的记录，就很容易查出来，是谁当班的时候发生的事情，再配合调阅CCTV（Closed Circuit Television，闭路电视）监控记录，很快就可以真相大白。

如果发生这样的事情，我们只能严肃处理，杀一儆百，但其实非常可惜。

AP工作的另一个重点对象，就是与供应商往来密切的采购与品管人员。我自己曾经做过采购，知道这里面出现腐败的巨大可能性。好在我们的竞标采购方式，让采购人员没有太多决策权，厂商也知道行贿没什么用，因此鲜有问题发生，厂商最多就是逢年过节给采购送个交通卡、月饼等小礼物。

在我任期内，没有发生过什么大案，也很少接到检举，最多就是少数一线员工误入歧途。

其实凡事预防重于严办，我们对员工的教育最重要。除了制定各种规章制度，我们还要做好日常数据的监测工作，一旦发现异常，就立即采取行动，最后再辅以审计。通过这一整套流程，让员工不会也不敢走错任何一步。

我们几乎在任何制度中都先多留个心眼，预先防范了任何会出问题的可能，在决策的过程中也一再强调相互制衡（Check and Balance）的重要性，鲜有人可以独断专行，都是必须征得相关部门的同意才可以。

我们除了把自身管好外，还需要把整个供应链都管好。虽然这听起来不可能，但前面提到的"雷霆行动"，就是我们一旦下定决心时，勇于改变产业链现状的例证。

我们的品控部门绝不只是僵硬地照表行事。我们的QA人员经常会无预警地去各地供应商那飞行检查，了解他们真实的运作情况，而且我还要求QA人员有"福尔摩斯式"的思考，注意观察是否有该出现的没出现，或者不该出现的出现了等异常情况，这些都可能是出了问题的征兆。

百胜在资产保护和防弊方面的累积措施与投资，真正构成了最后一道防护墙，让我们及我们的消费者可以高枕无忧。

17

最难啃的硬骨头：数字化

数字化的浪潮到来，无所遁形

2010年前后，我把百胜的各个功能基本梳理完毕，品牌定位也清晰有致，营运、开发各方面都已稳妥，团队间也都学会了相互合作，业务蒸蒸日上，年年都可以交出漂亮的成绩单。我以为可以趁早退休，做些别的有兴趣的事。但是事与愿违，互联网迎来了爆发式的成长，而且一波未平一波又起。智能手机的兴起，让所有人都人手一机，随时可以移动上网。这种巨大的变化，给企业经营带来了巨大冲击。各种新兴的"互联网思维"造成了许多行业颠覆性的改变。一时之间，各种传统行业将死、被取代的声音充斥于耳。像我们这种传统行业，多半都不懂得如何适应新的生态。很多传统零售业被迫转型，而转型的过程又非常痛苦，可谓"不改变是等死，改变则是找死"。

在这种时候，就看出来企业是否有自我革命的能力。很多公司的掌舵人，因为自己不懂，所以从外部招募所谓的专家担任CTO，推动公司的数字化改革。但这样的安排，并不能彻底改变公司已经积重难返的思考与工作习惯。结果就是钱花了许多，雇了一堆顾问，买了一大堆软硬件，不仅劳民伤财，而且还没有彻底解决问题，只不过是拆东墙补西墙——勉强不掉队而已。

如何让整个团队都能够很好地面对移动互联网时代的到来，成为摆在我面前必须解决的难题。

我其实也很想偷懒，像很多公司一样交给CTO负责。但我心里清楚，兹事体大，不能推脱。因此成立了我任期内的最后一个委员会——系统审查委员会（System Review Board，SRB），专门研究相应问题并推动改革。与其他委员会的经验一样——开头是最难的。一开始我们根本没有什么案子可以谈，就先从最基本的基础设施（Infrastructure）开始研究，决定未来如何架设百胜中国自己的IT基础设施，把在国外的数据中心搬到中国，方便后期自主管理。然后就是把最重要的功能——如何管理门店——先放上工作日程。同时鼓励与IT比较有关的部门，如财务、HR等身先士卒，开始研究如何推动数字化。

在这个过程当中，我们开放给所有部门都来旁听，让他们借此机会观察学习，对数字科技不再心存畏戒。

对于不是 IT 或理工科出身的很多人来说，思考数字化的确非常困难。好在我自己是第一代学习电脑的人，当年曾学过程序设计课程，还发表过论文，当过助教，对电脑和程序设计没有那么畏惧。如果有人帮我解说，我还是可以理解的。我的角色就变成"翻译官"，把普通人的问题，翻成 IT 语言；再把 IT 的答案翻成大白话，让所有人都听得明白，就这样一点一点地把大家的 IT 知识都丰富了，同时也开始了解 IT 技术可以帮我们解决多少问题。

凡事只怕有心人。我们的同事都很聪明，也善于学习，只要开了窍，就知道该怎么做。我们帮大家选择了几家靠谱的 IT 厂商进行合作，让各部门自行设计规划自己该做的项目，由 IT 部门负责辅导。就这样各部门都开始推动各自的数字化工程，而且逐渐做出了成绩。一旦看到了曙光，大家的积极性就更高了，于是就可以循序渐进，把更多的工作放到移动互联网上，员工的工作也更方便了。

我们的 SRB，从一开始的少数几个项目，到后来逐渐增加，再后来甚至有上百个项目同时进行，变成要委派 CTO 负责把关。一般性的项目，都不必报会，直接审批就可以。SRB 只需要关注几个关键的大型工程，确保所有人的共识（Alignment）就好了。

百胜因为有了 SRB 的推动，全员认知了移动互联网的重要性，及时做了需要的变革，因此如虎添翼。我们充分利用工具，大幅缩减了不必要的开支，极大幅度地提高了生产力，也让自己更大地拉开了与竞争者的差距。

数字化的运用

百胜对数字化的运用无远弗届，在每个功能上都发挥了巨大作用。

在营运方面，餐厅经理以往要做的许多事现在全部都自动化。不论订货补货，还是员工排班，都可以由算法根据实时数据自动生成，由餐厅经理最后确认即可。员工培训，过去必须专门安排时间和课程才能进行，现在绝大多数课程都可以在云端利用短视频、动画的形式进行，员工可以利用碎片时间，以自己熟悉喜欢的方式自学，只需要定期进行检验就可以。另外，顾客端利用手机下单的技术，可以省去排队付款等环节，他们方便，我们也方便。

在供应链管理方面，所有数据打通以后，餐厅的订单自动生成，各物流中心就可以用最优的方式安排送货，极大程度节约人力，还能节约成本，节能减排。

我们的采购部门，也可以依据用货与存货的情况，随时修改采购计划，安排供应商供货。由于信息准确及时，就可以通过最佳的进货时机与库存安排，降低存货水平，这又可以节约一大单开支。

至于开发部门，更是数字化获益最多的部门。我们的开发决策流程，本来最讲究的就是数据。进入大数据时代以后，各种数据都变成可能了，我们可以通过各种平台，购买官方相关数据，进一步掌握城市与商圈的消费数据以及居民生活习惯与特征。有了这些数据，再加上我们自己的海量消费数据，就能准确预估商圈的成熟度以及应该投资的规模了。因此，我们的投资就更精准有效，信心也就更大了。

还有一个重大受益的部门就是企划部。以往我们必须花费大量金钱与人力，做各种市场调查，最终可能还只是瞎子摸象，一般靠猜的。现在我们可以依据各种数据库，针对消费者的性别、年龄、消费习惯，精准推断什么产品、什么促销、什么广告会有效。而我们也有能力选择最适合的平台，精准把消息投放给目标群体。

有了这样的能力，我们就不再受限于传统的媒体与广告方式，完全可以灵活选择。而且通过 Super App 的成功，我们任何活动都可以及时传播给中重度的消费者，保证了投放的效果。而且可以通过互动，及时得到消费者的回馈，随时调整活动安排。

所有这些新的工作方式，都需要 Know-how 的积累，我们的团队越做越清楚什么是有效的。数字化不但没有让我们不知所措，反而让我们更有信心面对任何竞争与挑战。

数字化确实是个巨大挑战，很多公司都在这个浪潮面前，由于改变的不及时或不彻底而败下阵来。

百胜中国靠着大家的众志成城，有效地迎难而上，反而成就了更大的成功，我深以有这样的团队为傲。

18

百胜中国对
百胜全球的影响

百胜中国早已超出百胜全球几条街

我常常说如果当初加入了麦当劳，我一定不会有今天的成就，因为麦当劳绝对不会给我这么大的自主权。麦当劳在美国很早就打造出一套独步全球的品牌系统，在全世界绝大多数国家，麦当劳品牌都是碾压式的存在。正因如此，中央集权式的管理就成为常态，各个市场没有太多自主的余地。

而肯德基正相反。当年 PepsiCo 找我们这批人加入，就是希望我们能做出不一样的事，把这个买来的品牌做起来。再加上 PepsiCo 本身不是做餐饮的，不知道该如何指导、管理我们。我的几位老板，都是从百事或 Frito-Lay 调过来，隔行如隔山，也提不出什么好主意。而真正懂餐饮的人，又都在市场上，还有甚至比我们自己做得更好的加盟商。

我刚接手中国肯德基的时候，中国内地一共四家店，包括北京的三家和上海的一家，对比亚太区的几千家店，真是九牛一毛。此后发展缓慢，一年才开两三家分店，更是无足挂齿。一直到小平同志发表了南方谈话以后，机

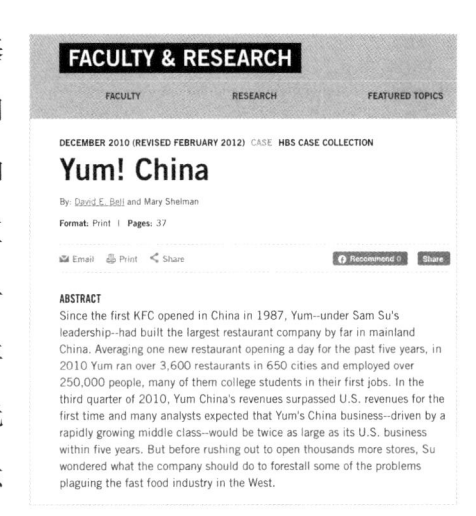

百胜中国被写进哈佛商学院案例

会来了。那个时候，我在公司里已经做了多年，有一定的信誉度，加上也没有其他任何人对中国市场有发言权，美国总部也就只能眼睁睁地看着。中间他们虽然一度找来了顾浩钟，但我和他同心同德。时间久了，我们的成绩摆在那里，逐步甩开麦当劳，总部也就不得不服气了。

我们团队接手必胜客之后，把这个原来做得不是很好的品牌重新定位，彻底地打造了一遍。一个在全世界只能抢低价生意，勉强与达美乐、棒约翰竞争的披萨外送品牌，居然让我们做成了全世界最成功的休闲餐饮品牌。美国最成功的休闲餐饮是橄榄花园（Olive Garden），店数远不如我们，口碑和绩效差得更远。

还记得早年的时候，我们给每个员工做360°评估，有人给

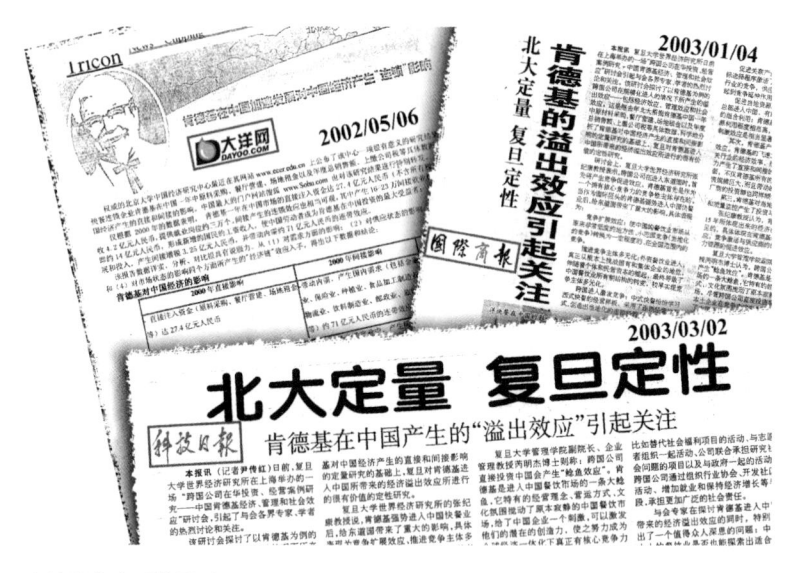

肯德基在中国的影响

我的评估是"Sam 带团队在初创时期，确实做得不错，但品牌步上正轨后就可能不适合了"。

我当时想这也太低估我了。后来，我们跑马圈地阶段告一段落后，逐步加强了总部功能和品牌管理，品牌的声望越来越高，在历次市场调查中，都荣获外资品牌第一名。老外也叹为观止，没想到自己都不敢想的事情，居然给我们中国团队做到了。

但是，这才是我们做的第一盘小菜，我们对品牌的革新才刚刚开始。

在肯德基，我们引进烤箱，做蛋挞，卖早餐，成立营养健康专家委员会，推动均衡饮食，还打破迷思，推出各种非鸡肉类的产品，都受到消费者的欢迎。我们取得的种种成绩都让他们匪夷所思。

记得有一年我去参加百胜全球年会，因为时值我打算在中国推"新快餐"，我在演讲中把麦当劳只顾着"减价增量"的做法痛斥了一番，这一下子把全场的人都吓坏了。我把美国人"YYDS"（永远的神）的麦当劳，批评了不说，而且还要革它命，全力打造"新快餐"。台下一群人全都傻了，只有少数新兴市场的总经理知道我在说什么，而且听出了道理。会后，他们争先恐后地带队来中国取经。

我们在必胜客的创新，特别把其分成休闲餐饮和外卖外送两个品牌来经营。这也被许多新兴市场作为典范，让许多市场在困境中找到新出路。

2012年初，向中国学习的呼声越来越大。许多市场，如东欧、俄罗斯和非洲市场的加盟商都取得了不错的成绩，但作为加盟主的百胜全球却完全跟不上，更别说提供领导力了。最后他们找到我，希望我能给百胜国际部的高管们传授"中国秘密"。我同意了他们的要求，但同时也要求参加对象应该是所有新兴市场的一把手。在我看来，那些老市场都和美国本部一样，没有什么机会了。

同年 9 月，我们在上海举办了名为"打造洋溢盛世"（Building Dynasties）的课程。课堂上坐满了来自各个新兴市场的老总们，加盟和直营一视同仁。大家抛开成见，一起探索百胜中国的成功要诀。这些市场老总回去以后，将所学积极运用到其市场的管理中。不管是肯德基，还是必胜客，都有极佳表现，他们也给百胜全球的发展注入了新的动力。

ABR 可惜了

我们在中国的成功，让百胜全球的人都看傻眼了。早年还以为我们只是运气好，借了中国改革开放的东风，但没想到这么多年过去了，我们越战越勇，而且把麦当劳远远抛在身后，就不得不承认我们有自己的一套。

我的老板，百胜全球 CEO David Novak，从 2005 年成立百胜中国事业部以后，我就对他直接汇报。David 为人朴素亲和，最重视对团队的认同鼓励，这也是他最大的管理特色。他特别喜欢到全球各市场巡视，尤其到了一线餐厅，他会颁发他的百胜奖（Yum Award），这是一个长脚的大嘴玩具，象征满意的顾客一嘴 Yummy（美味）的感觉。虽然看起来有点荒诞不经，但这就是他的个性。

因为倒时差，我很不喜欢长途旅行，就与 David 约法三章：我每年去美国一次，向董事会报告中国经营状况。但他一年来中国两次，一次到上海，做些严肃的工作，如年度经营计划（Annual Opearing Plan，AOP）和人员规划评估（People Plan Review，PPR）；另外一次比较轻松，在上海和大家见面以后，就去一个不一样的城市，认识中国不同地区的发展，也看看我们餐厅下沉的情况。

David 每次来，都看到中国的巨大改变，也看到品牌和团队的快速提升。他这辈子从来没有这样的经历，更不知如何为我们加分。

终于有一天，David 问我，为什么同样是百胜团队，但中国团队可以做到这样的高度，有什么是他可以带回百胜全球让别人也可以模仿学习的。

我当然不好说，我们这一套都是自己摸索出来的，就告诉他我如何在 2001 年碰到 John O'Keeffe，又如何把他的 Business Beyond the Box 课程带回中国，教授给中国团队。

David 听了十分兴奋。他正苦于如何彰显自己的领导力，把那些一盘散沙的各个团队都统一到他的旗帜之下。2007 年，他找来 John，让他为百胜全球高层专门开了课，而且钦定 BBB 为百胜管理层全球必修课程，并由 HR 安排高层主管在各自市场全面推出，同时改名为"追求跃进，成就不凡"（Achieving Breakthrough Results，ABR）课程。同时，还把 HR 的所有考核标准、使用的术语全部改为 ABR 的标准用语。

ABR 基本上就成了百胜全球的大事，所有人言必称 ABR。但他们做的工作在我看来没有任何改变，一样的夸夸而谈，但现在称之为"Shoot for the moon"（射向月球）。

其实在全世界都一样。John O'Keeffe 的 BBB 是他一生的心血，他研究了大量管理学说，看清了大公司的治理通病，写出了这部非常了不起的 BBB 课程，而且放弃了在宝洁的辉煌前程，50 岁就退休专心推动 BBB 课程。但这么多年过去了，除了百胜中国，没有任何一个学员能做出任何不一样的事。这件事情我和 John 讨论过几次，我和他说凡事要改变没有那么容易，不是学了几个概念，人就会变的。我们碰到的问题，都是传统大企业的通病，一两个人想改变也改变不了。这必须是企业的领导层，同心同德，彻底改变企业管理的办法，如百胜中国一般，重新设计组织和管理的流程与工具才行。这些事情，John 自己也从未做过，所以也很难理解。

我非常感谢 John 当年在我最需要一套理论基础的时候出现在我的生命中。更感谢 Christabel、我的团队其他成员与我一起，拥抱 BBB 理念，并且与我一起打造了整个公司的管理理念与方法，这才有了我们后来飞跃式的成功。

只可惜绝大多数人只是喊喊口号，并没有真正践行。希望我的《正路》一书，和我的同道之人能有更好的共鸣，并且更容易在大家的工作生活中履行。

19

我和美国总部的博弈

我和大卫·诺瓦克的 18 年

从 1997 年百胜拆分独立上市，到 2015 年我从百胜退休，David Novak 做了我 18 年的老板。

David 写过自传，里面提到他从小就因为父亲的工作更换而不停搬迁，练就了他到任何一个新环境都能很快结交新朋友、打进新群体的本领。他在美国中西部长大，没有东岸人的势利与精明，也缺少西岸人的积极与冲劲。他大学学的是文科，后来进了广告公司，又进了百事公司做市场行销。他非常积极，敢于表现，慢慢地就有了一定知名度。他知道在百事可乐和 Frito-Lay 这两个百事最主要的事业部竞争太大，就主动要求去做餐饮，因此顺利当上了肯德基的 CEO，后来还兼任必胜客的 CEO。其实当时 Roger Enrico 主管餐饮部门，并且马上要接任 PepsiCo CEO，

(从右至左）苏敬轼、Pete Bassi、Andy Pearson、David Novak、韩定国、罗维仁在上海办公室合影

他已经在盘算怎么把餐饮事业部给拆分出去了。

坦白说，因为在 PepsiCo，餐饮事业部的地位是最低的，所以 Roger 就顺其自然，让 David 试试，但也没有放手不管，还是找了 Andy Pearson（安迪·皮尔森）来帮忙照管。这一招也非常有用，百胜顺利度过了拆分后初创期的种种挑战。

Andy 年岁到底大了，慢慢地就不太管事，最后把董事长的职位也给了 David，从此 David 的时代才真正开始。

David 与我同年，也属龙，我们个性还算相投。他特别重视认同和鼓励，飞全世界不停地颁奖，夸团队的好。每年到中国两次，对中国团队赞不绝口，团队成员当然喜欢这样的老板。

百胜的业绩表现除中国之外，其实参差不齐。但中国事业部成长迅猛，一美遮百丑，所以股价连年上涨，他这个 CEO 做得有面子有里子，对我自然也很好。

我们中国人自小就知道，伴君如伴虎，卧榻之旁岂容他人酣睡的道理。所以我从来不与 David 争锋，把面子全都让给他，也很早就告诉他，我永远不会去坐他的位子，只想把中国市场做好。

就这样，我们井水不犯河水地合作到我退休前的几年。

本来我们这样的合作是没有问题的。我有完全的自主权，没有什么事情必须上报取得他的同意。如果没有什么特别的事，我们连电话都不通一个。估计全世界大概没有哪个中国区的负责人像我这样被全面授权的了。

但是形势比人强，随着百胜中国业务的不断壮大，我们在百胜全球利润的贡献率越来越高，甚至接近 40%。换句话说，百胜中国一个事业部就可以接近全球其他地区的总和。华尔街当然就变成以中国为重，每次与华尔街沟通，所有问题都是围绕着中国。David 每次想拿其他市场说事，那些分析师都意兴阑珊，只想听中国的报告。

2008 年，由于华尔街要求更多中国市场的声音被听到，董事会就把我纳入，我成为副主席。在美国上市公司的董事会里，一般只有一名公司代表，我的加入也证明了中国业务的重要性。

我其实没有野心再上层楼,也不觉得这些董事真的认同我是他们的同类,所以我也懒得多花时间与他们相处。进入董事会的第一年,我积极参加每一次会议,证明我是有能力参加会议的,然后我就托词不喜欢长途旅行调时差,回到一年参加一次线下会议的节奏,其他会议就全部线上参加了。

其实我这个副主席,对中国以外的业务不参与,也毫无兴趣。坐在董事会里面,听他们的讨论我也不想发言。他们所做的事,与我们中国的水平差得太远了,我只能听听,否则就像我在批评老板,这不合适。

这样的尴尬日子,过了好几年,终于到 2015 年,事情撑不下去了。

按照美国股市的操作标准,股民都希望能明确知道自己投资的标的与风险。百胜原来的定位就是一个风险分散的餐饮股,但现在已经成为一个以中国为最主要未来的"中概股"。既然如此,就应该把中国百胜拆分出来,让股市更清楚地给两块不同的业务分别定价,就能把一些潜藏的价值体现出来。

其实以百胜中国的表现,早三五年就已经有条件独立上市了,华尔街和董事会里也开始有些声音,但是 David 很自负,极不愿意看到自己的餐饮帝国被拆分变小,他坚持不同意,甚至连"Over my dead body"(除非我死了)这样的话都讲出来了,当时场面非常尴尬。

可是市场上的动静越来越大。有些激进的投资基金已经开始买入百胜的股票，并且对董事们威胁采取法律行动。这些董事们也都不是省油的灯，当然就对 David 开始不客气了。

2015 年春天，David 宣布他将在次年退休，同时启动百胜中国拆分的计划。

这对我们百胜中国当然是极大的好消息。我们本来早就可以独立上市，我也曾经主张至少在香港 H 股先部分上市，但都被 David 否决了。这次他来征求我的意见，我当然同意，只是要求他务必让我参与拆分的讨论，充分听取我们的意见。

没想到就这么一件简单的事，被 David 搞砸了。我们 18 年的合作与友谊，也因此戛然而止。

一群"自以为聪明的人"做的不聪明决策

你别看美国人有那么多绝对优秀的人，不咋地的人也很多。哪怕是人生中的胜利组，做到一流公司的 CEO 也未必有真本事。很多公司的 CEO，都是白人男性中的头狼（Alpha male）性格。这些人一辈子在商业世界里打拼，为了上位不择手段。他们表面上仁义道德，开口闭口企业文化，但其实是目中无人，只顾自己在内卷中获胜。

百胜董事会在 Andy Pearson 时代找来的都是极优秀的人才，如摩根大通的 Jamie Dimon 大名鼎鼎，无人不知。另一位德高望重的 Ken Langone 也是纽约犹太人中教父级的人物，说话一言九鼎。其他人物也都各有胜场。

但随着 Andy 的淡出，慢慢地董事会就变了。David 新邀请进来的人中有几位与他年纪差不多，他们刚从大公司 CEO 的职位退下来，都不简单，对 David 也不会言听计从，甚至开始挑战。

只是 David 也不示弱，他有中国业绩的支撑，公司效益每每成长，百胜的股价稳步上升。华尔街虽然对百胜中国以外的业务不满，但有了中国一美遮百丑，对 David 也没什么办法。

本来 David 和我约好一起退休，将来还要到全世界最好的球场一起挥杆，到 80 岁还能享受高尔夫的乐趣。但 2015 年他突然跟我说要早点退休，回家照顾身体不佳的妻子。我因为自己的接班人才加入不久，还需要些时间，就如实以告，他也理解。但这就产生了一个问题，谁来接 David 的班做百胜全球的 CEO。

最自然的选择，当然是我了。但是我早就说过，我只想管中国，中国以外的其他业务，我不想参与，关键是去管也管不好。再加上，我一点也不想搬到美国去住，牺牲太大了。

David 最后提了一个办法，让曾经负责塔可钟的澳洲人 Greg Creed 和我一起做联席 CEO，两个人泾渭分明，各管各的。只是这样的想法，在华尔街是不可能被接受的。果然，董事会要求只能有一位 CEO，David 就只好来找我，让 Greg 担任 CEO。我对 Greg 是有所认识的。他非常聪明，但极其自负，是不可能放任中国事业部不管的。David 再三保证，他会严格要求 Greg 仿照他的做法，绝不参与中国事业部的管理，希望我能放心。事已至此，我也没有别的办法，期望他言而有信，说到做到。

David 与我谈妥后，百胜就对外宣布 David 交棒给 Greg，而且在次年退出董事会。Greg 也信誓旦旦，保证对中国事业部的绝对信任与支持。

本来我以为这件事就算过去了，没想到 David 自己反正不干了，就干脆顺应董事们和华尔街的想法，在他的任期内把中国市场拆分的事做了，给自己留点成绩。

David 找我商量的时候，我当然是没有问题，本来中国市场早就该独立了。我只是告诉他拆分这件事牵涉重大，两家新公司之间的相互关系和权利义务，必须小心规划。而且其中必须有中国团队的声音，请他务必让我参与，一起找出最好的方案。

只可惜 David 当时已经无力对抗董事会，以为自己有经验。

毕竟他曾经在百事时期见证过百事把北美装瓶厂业务拆分出去的经历。他没有与我商量，直接告诉我，拆分后，百胜中国要分营业额的 4% 给百胜全球。

这种想法是荒诞无稽的，而这些"美国精英"居然完全不知不觉。特许加盟费是全球诸多行业的通用做法，加盟主提供 IP，换取加盟商的一部分营业额。收少了，加盟主就便宜了加盟商；收多了，加盟商就无心投资。本来公司拆分，IP 权利就不一定是非要归谁。依据美国的税法，这种免征所得税的拆分的前提，必须是拆分双方平等协商，并且交易条件要符合股东利益最大化的原则。这些人只要上网查一下就应该知道，他们代表的应该是所有股东的权益，而不是自己的权益。

只可惜他们所有人都认为自己会留在百胜全球，一股脑想把中国的收益都归到百胜全球。

可是这不是谁说了就能算的问题，必须经过好好验证。另外，在拆分之前，百胜在中国的门店要付 6% 的权利金，其中一半 3% 缴纳给百胜全球，3% 留存在百胜中国。所以怎么可能在拆分之后还减少了，百胜中国只剩 2%？

我当然不同意，美国董事会也知道理亏，就退让到 3%，然后找了高盛做财务顾问，想办法"证明" 3% 是"最佳"方案。但高盛团队碰到我这个沃顿老学长，拿出来的计价模型被我批评得体无完肤，他们自己也知道拗不过去。但这些人拿人钱财为人消灾，就是不愿承认3%是不行的。

本来要想双方对等谈判，我应该是可以聘请自己的财务顾问和律师的，但百胜全球坚决不同意，因此这件事就僵在那里了。

事已至此，再与他们纠缠下去已经毫无意义，我思考再三，反正现在接班人也有了，我决定退休。2015年8月，我把决定通知了Greg Creed，他大喜过望，马上就和David和他最信任的Micky Pant（潘伟奇是当时负责百胜国际事业部的印度人）一同来到上海，让Micky Pant接任中国CEO。为了不让华尔街担心我是因为不满而退休，还给了我丰厚的报酬，让我务必留任董事会副主席到2016年。

我在百胜中国的生涯就此画上了句号。

我虽然不再担任百胜中国CEO，但董事会还是继续参加。由于我在，他们也不敢就拆分中国事业部做出任何决议。但迫于华尔街的压力，这件事情早晚都要放上台面做决定。我思前想后，拆分是肯定要进行的，就主动建议他们只通过拆分，把权利金的分成留在以后讨论。终于百胜中国成功独立上市。

只是很可惜，在Micky的配合下，百胜全球与百胜中国签了一系列合约，权利金也锁定在3%。

Micky本人不懂中国，更不知道如何经营我们的品牌。他基本上都在纽约，偶尔才飞一趟上海。他在百胜中国上市之后，待了没几个月就离任回美。而我招的接班人屈翠容（Joey Wat）最终也实至名归地升任 CEO，百胜中国终于迎来了真正的自主。

至于历史留下的那些不平等条约，假以时日，中国团队够强大的时候，自然有解决办法。

错过的星巴克

其实在拆分中国之前，David 和那帮董事们还搞砸了一件大事——入股星巴克中国。

星巴克的故事，大家应该都耳熟能详。美国人 Howard Schultz（霍华德·舒尔茨）当年看到意大利的咖啡馆，深受启发，因此加入星巴克，并且买下了它的股权，最后打造了一个横扫全球的咖啡帝国。

星巴克于 1999 年进入中国，而且一开店就造成轰动。当年北京、上海的上班族，早上上班的时候，拿着一杯星巴克咖啡，是可以傲视群雄的。后来一直有品牌加入竞争，如英国的 COSTA（咖世家）和中国香港的 Pacific Coffee（太平洋咖啡），但都不是星巴克的对手。

虽然如此，星巴克在中国的发展还是远远不如百胜，而且星巴克在中国主要依赖三个区域加盟商，包括华北的美大、华东的统一和华南的美心。他们互不相属，表现也参差不齐，因此每每受到华尔街的质疑。

星巴克董事会中有一位重量级的独立董事，原来在百事公司担任CEO，对我在中国的表现略有所知，因此多次鼓励Howard找我聊聊，我也很乐意与这位传奇人物相见。

Howard是个非常热情的人，对想做的事情会不计代价全力以赴。他见过我之后，认定我就是那个能帮他在中国打造星巴克的人，非常诚恳地邀请我加入星巴克。

我其实对咖啡并不了解，因为我对咖啡因过敏，根本不喝咖啡，但Howard的盛情难却，而且星巴克这个品牌非常好，如果能好好经营，绝对可以成为像肯德基、必胜客一样的绝对领先品牌，所以我就和Howard商量，我可以帮他，但有几个条件：

（1）我不会离开百胜，只能代表百胜，在成立合资公司情况下，扮演中国董事长的角色，协助打造中国团队和品牌。

（2）加盟权利必须尽快收回自营。三个加盟商中，华北经营挑战最大，美大背后的H&Q资本也到了退出的阶段。华南星巴克归香港的美心集团，星巴克本来就拥有香港星巴克的半数股权，可以以此来换取华南星巴克的所有权。如果这两个问题解决了，我们就可以谈合作。剩下的华东地区、台湾地区，统一经营得非常好，也坚决不会卖，只有等合约到期，以后慢慢再谈。

Howard 为了争取与我的合作，答应了所有条件，我们就开始了财务条件上的谈判。刚好 Howard 指定的谈判人是星巴克国际部的 CFO，而他之前是我的 CFO，美国人 Charley Jemley，与我的团队都很熟悉，因此对接谈判很顺利。

到了这一地步，我必须向美国总部和董事会报告，没想到一个大好的机会竟被他们给搞黄了。

首先，他们坚持这个谈判必须与百胜全球进行，不能直接面对中国团队；其次，百胜不能做加盟商，必须是 50：50 的合资公司，而且不用支付加盟金。当我听到这些条件的时候，下巴都要掉下来。这是人家辛辛苦苦打造出来的品牌，而且未来还有很多事情要做，怎么可能就这样让我们拿下未来世界最大市场一半的股份？在我的计划里，70：30 应该是比较合理的安排。也亏得 Howard 能屈能伸，居然愿意接受这样的条件，而且报出了一个很低的价格。但没想到，百胜还是不满意，居然就地还价，回了一个不可能接受的价格，整件事情完全没有跟我商量。

我还记得 Howard 打电话给我，问我：为什么？他已经这么委屈自己，竟然还会被如此对待。我无言以对，只能再三抱歉。

我回头再向 David 和董事会争取，但木已成舟，他们坚决不愿更改心意。声称我和百胜中国的价值绝对超过 50%，而且他们不喜欢 Howard，认为他不会是个能合作的好伙伴。

这样的结果是我怎么都没想过的。我只能安慰 Howard，我其实没有他想象的那么好，他没有我，自己也可以做好中国星巴克。

后来 Howard 果然按照我说的战略，一步步地收回了中国的加盟权，成立了直营的中国总部。

星巴克的战术，就是全面学习中国百胜，并且全面挖角。我们的部门主管挖不动，但很多中层干部在公司的升迁机会不大，自然就会心动，跑来找我商量。我也支持鼓励他们跳槽去星巴克。众人拾柴火焰高，可以尽快地帮助 Howard 打造一个强有力的中国团队，也算是我对他的补偿。

当年如果我们不是那么强势，非要喧宾夺主，百胜中国旗下就又增添了星巴克的品牌，那会增加多少股东利益？只可惜一群短视而且傲慢的人，把送上门的大好机会给葬送了。

我为什么不去美国

1974 年我第一次去美国留学，抓住所有机会认识美国、了解美国。当时是美国最强大的年代，所见所闻都让我惊叹不已。

当年能去美国念书的人，几乎都会选择留下来。那时候，办绿卡很容易。有高等学历和生产力的人，更加受欢迎。但即便如此，我从未改变回中国的初衷，原因无他，那里不是我的国家。

美国再好，终究是老美们说了算。他们生活富足，水平超前，因此对其他国家的事物毫无兴趣。中国菜、中国文化对他们来说，就是周末去唐人街的生活花边。

我身边的同学，可以为了下一代的幸福选择留在美国，给美国人打工，让孩子们有一个舒适的成长环境，将来进世界一流的学府，毕业后还可以去华尔街、大企业、大医院工作。

但我始终认为没有必要为下一代如此牺牲自己。中国人为什么不能在自己的国家打造出一个比美国更好的国家，真正做到老祖宗笔下的"世界大同"？我确实很喜欢美国的很多东西，也很向往他们的美好生活，但我永远可以以访客的身份到美国游览，与美国人交往。人生本来就不该是二选一或多选一，我们大可欣赏他人，但成就自己。

有意思的是，我这辈子还是进了美资跨国公司，而且和美国人打了一辈子的交道。虽说结交了不少美国好友，但也看清了美国人的真实一面。

1995 年前后，我在 PepsiCo 的地位越来越稳固，公司 HR 开始主动关注我，发现我没有美国国籍，就主动表示愿意帮我申请长期居留，我立马谢绝。他们完全不能理解，这么多外国人求之不得的事，我竟然拒绝得如此坚决。

我的想法很简单。中国，才是我的终老之地。美国再富强，再好，中国人终将以自己的智慧和努力建设出一个世界上最好的文明，所以我哪里也不去，自然不需要美国身份。

近20多年来，形势越发明朗了。中国已经走上了一条成功的发展之路，而美国的各种问题已到了遮掩不住、一触即发的境地。孰强孰弱，孰胜孰败，大家应该都已看得很清楚。大势已定，只是时日的问题。

看看现在的美国，只允许自己强大，见不得他人优秀，凡事不知道自省，只想蛮力对抗，甚至掩耳盗铃，这与把头埋进沙子里的骆驼，有何不同？

圣贤早就告诉我们，人生最糟糕的，莫过于无知加上傲慢。美国人当然不缺乏有大智慧的人，但言者谆谆，听者藐藐。他们绝大多数人，选择故意地听而不见。

所以，做一名中国人，我很自豪。

20

我终于认识了我自己

充满好奇

我的确是个"老学究",这是我出生懂事以来的特质。什么事情,我都想弄明白,如果不明白,就会不舒服,直到想清楚为止。

正是因为有这样的特质,我在读书阶段一直能够名列前茅。倒不是因为考试成绩好,可以得到家长肯定,纯粹就是因为读书能为我答疑解惑。就算读闲书,我也是津津有味。那种风花雪月的言情小说,我没什么兴趣,反倒是任何稀奇古怪的书,如《笑林广记》《聊斋志异》;还有推理侦探一类的书,如《福尔摩斯探案集》《我知晓一切》等;甚至是江湖武侠、中外不拘的宫廷历史等,都能让我心驰神往。

等到走出学校,接触到真正的花花世界的时候,我的好奇心更是爆棚。真实的世界要比小说里的情节更加不可思议。同是人，居然可以有这么大的不同！

这样的我，怎么可能甘心待在实验室、图书馆？我必须出去闯一闯。而且天下之大，我必须都去亲身体验一下，好好看看这世界之奇美。而且人与人之间的交往，绝不是靠着简单的"半科学"，甚至"伪科学"就可以研究、理解，更别说掌握了。所以，这便成了我这一辈子最入迷也最想懂的学问。

我的好奇心还不止于表面的了解。我必须学会所有与己相处、与人相处的理论与实践，而且做到心领神会、进退自如。一切事情，就算今天读了什么书，看到什么能人，觉得有什么了不起的心得，第二天起我又会有新的疑问，想知道天外的天、人上的人。

我不但对工作有好奇心和上进心，我对任何事情都是如此。对我来说，工作确实是生活中很重要的一部分，但生命中还有太多需要探索的事情，何必独沽一味。

我有些贯穿一辈子的兴趣，如做益智游戏。《纽约时报》的填字游戏是一种绝佳的脑力游戏，每天都有一个精心设计的新难题等着破解。创作游戏的人都是挖空心思地设计各种题材，配以令人拍案叫绝的提示，让解题人时而伤脑、时而顿悟，整个解题过程跌宕起伏，让人大呼过瘾。《纽约时报》还有其他一些小游戏，如数独、Wordle（文字猜谜游戏）……也都很有意思，让人乐在其中。我每日必做，坚持到现在，几十年有余。

我还有一个一辈子研究不完的兴趣就是拍影视作品。我在百胜的时候，就经常因为制作限期已近，而广告公司的提案实在不行、团队面面相觑，便自告奋勇，把自己关在办公室里创作。因为我对产品的开发过程、消费者心理都了如指掌，脑子里又存了一大堆稀奇古怪的杂学，所以总能找到一些看似光怪陆离却又颇能引人注意的广告策划。

退休以后，我还尝试拍电影，后面有一节专门写了这段经历。

写作《正路》，也是我不停探索的又一步。

人生漫长，永无止境，我还会继续探索下去。

充满勇气

我不是一个逞匹夫之勇的人，甚至可以说有些"社恐"。我从小就不善于交友，碰到陌生人会手足无措，更别说是逞强出头的斗勇斗狠。在我那个什么都优秀、"孩子王"的哥哥眼中，我就是一个凡事都要他带、要他保护的"小跟屁虫"。

但我看似胆小，心里却十分清楚什么是对，什么是错；什么该做，什么不该做。我心头的那把尺始终是在的。如果我觉得事情太过分是非不分，必然会站出来，据理力争，这个时候大家才知道我看似好说话，其实外柔内刚，欺负不得。

也正是天生有这种执着追求真理的精神，我才能在花花世界、众说纷纭的人生中，始终保持清醒，不会人云亦云，更不会迷失方向。

我这一路走来，一直拒绝随波逐流。不论去美国留学读了化工硕士后毅然回到家乡，还是坚决不做化工行业，29岁放弃好的工作机会，重新回学校念书，或是跟P&G过不去，非要去最大的BMU德国工作三年，甚至到最后，还舍弃在P&G已经非常稳固的未来，转轨到肯德基。这中间的所有决定，可以说都与一般人的选择不同。但我的个性，有点反骨却绝不叛逆。每一个决定，我都是经过深思熟虑、仔细衡量才做出的。当然，每个决策看起来好像都有些风险，但如果仔细去看，其实又是非常合情合理、一步一个脚印走出来的。

等到我负责肯德基和必胜客中国业务的时候，我这种毫无畏惧、勇于改革创新的坚持，又发挥了极大的作用。肯德基几乎完全舍弃了传统的定位——以正餐炸鸡为主，而是带头打造了一个全世界从未见过的"新快餐"。我们完全借鉴利用了麦当劳的长处，但也毫不留情地抓住了其短板，以迅雷不及掩耳之势，全面压制对手，从而取得了国内快餐史上最重要的胜利。

必胜客更是被我和团队们打造成为一个完全不一样、前所未见的、全面碾压竞争对手的休闲餐饮品牌。必胜客如今早就不是一个单纯吃披萨的餐厅。从早餐到夜宵，从简餐到正餐，从小食到下午茶、咖啡，消费者对西式休闲餐饮的需要在必胜客都能被很好地满足，而且经济实惠，老少皆宜。

人类最大的敌人就是自己。我们每个人都会有天生的恐惧感，看到黑房子就不敢进去，有洞就不敢钻。这些都是老天爷用来保护我们的天性的。但是我们如果由着自己的恐惧放弃了对事物的追求，甚至盲目从众，就可能误入歧途，甚至会犯天下大错。

这也是我为什么在百胜一直强调每个人都要勇于思考，勇于争辩。一件事不到水落石出，绝不放弃。这种能力其实人人都有，但往往因为不敢得罪人就被雪藏了，十分可惜。

所有人类的成功，都是靠着一群人不畏艰难，一步一步走过来的。千里之行，始于足下。我们许多萌芽的想法，如果用心去培育，不停地浸灌与施肥，终有一日会开花结果。

充满想象力

我不敢说我自己是个富有想象力的人，至少我知道这世界上比我有想象力的人太多了。

我也不是个艺术家，至少不是传统意义上的艺术家。我没有任何绘画天分，也不懂音乐。

但我非常喜欢探索未知的世界，尤其是别人的内心世界。我特别乐意与他人聊他们的成长过程，而且聊着聊着，就进入了他们的世界。仿佛身历其境，哪怕我们的成长时代、成长过程都截然不同，我仍然可以体会到他们当时的情景，甚至知道这些经历对他们造成的影响。而且在这个过程中，我几乎是"无我"的，就是我能非常专注地去聆听，而绝对不会打断，并讲述我自己的想法。

后来我才知道，这就是最高境界的"聆听"。我在百胜的时候，发现绝大多数人都不太会聆听别人，欣赏别人。眼中看到的都是别人的缺点，反而对自己的缺点熟视无睹。一两个人还无所谓，但如果大家都这样，只懂得责怪他人，不晓得反省自己，那团队就无法真正合作无间了。

我曾经上过"成功人士的七个好习惯"这门课，觉得里面有很多好东西，尤其是"知彼解己"这一节，因此就要求 HR 把这门课引入作为管理团队的必修课程，而且要求资深人员以身作则，并且自己去授课。

有了这个基础，我就可以在日常工作中严格要求。如果有人在会议上自顾自地表现，或者对别人的论述不能专心且公正地去聆听，就会被我毫不客气地指出来。在我看来，有一见之得没什么了不起，最珍贵的却是能在别人身上挖到原来不知道的宝。

我早就练成了一种"福尔摩斯"式的思考习惯，我永远会注意周遭的人和事，只要有任何动作或事情与我原来的认知不同，我就能立刻感知。这个时候我的想象力就会被启动，开始寻求理由。

所以，我能接受每个人的不同，并且觉得很有价值，因为那些都是我可以学习的地方。

古人说：三人行必有我师。现实生活中，确实如此。再弱的人也有值得学习的地方，可以作为借镜自省的契机。如果有比我强的地方，我更是如获至宝。

我们这辈子获得的所有知识都是从别人那里学来的，我从小到大习惯观察别人的长处。有的人善于沟通，遣词用句非常能打动人；有的人善于分析，阐述道理时头头是道，令人折服。这些都是我的榜样。我会尽量模仿，并且放入我自己的工具箱中，慢慢地，我会的技能也就越来越多了。

当我们慢慢学会了主动聆听他人，了解他人，甚至欣赏他人的时候，他人也会投桃报李，愿意倾听、了解和欣赏我们。

这就成为一个非常正面的合作基础。团队的每一个成员都愿意相信他人，互相提携。长此以往，每个人都会互相学习，共同进步。所以哪怕大家都是"臭皮匠",团结起来的力量却可以"胜过诸葛亮"。

所以我一直宣导:"最好的企业文化,就是每个人都有勇气和技巧,把对的事情找出来,并且第一次就把它做对。"

整合成功

我还有一个"特异功能"——整合能力,这才是我这一辈子最重要的能力。

我从小就特别会整理思绪,把很多奇奇怪怪,看起来互相矛盾的想法整合到一起。比方说,有人说"早起的鸟儿有虫吃",有人说"早起的虫儿被鸟吃",到底孰是孰非,我就会深加思索这类问题,弄清楚什么时候该做鸟,什么时候该做虫。这种天生的逻辑辩证思维是我后来面对所有问题与挑战的利器,让我能毫不畏惧地分析研究,直到弄清楚为止。

类似的能力也反映在另一种日常生活中的需要。我从小就是个"Space King"(空间之王),例如如何把最多的行李装进狭窄的车厢里,或者最有效地利用行李的空间等,对我都是小菜一碟。我很自然地会找到如何将一件件东西依据次序放到该放的位置的完整方案。其实这个能力,在我们做任何事的时候,小到自我时间管理，大到如何调动大军，都极为重要。

我们每个人的时间都很有限，如果不懂得什么时间做什么事，就会被接踵而来的工作弄得晕头转向，该做的事没做，不该做的事做了一大堆。但是如果我们有"整合"的概念和能力，就知道如何能利用最好的方式将许多类似或相近的东西一起考虑，一起解决。所以凡事最忌讳头痛医头，脚痛医脚，最好能毕其功于一役。

仔细想来，我这一辈子做的都是"整合"的事。从原来学习工程，全是理性的思考；到后来学管理，研究人性，感性的成分很重要。所以如何能左右脑并用，并且充分交流，变得极为重要。

我从学校出来，加入 P&G，好似进了另外一所学院，又得重新学起。等我到了 PepsiCo，尤其是肯德基，发现学习到的管理方法和模式又截然不同。等到我自己开始打造中国团队，并且招募到来自麦当劳的团队成员后，更是直接面对麦当劳与肯德基两种迥然不同的管理思维。而西式快餐要在中国落地，不单有中西方管理思维、不同文化习惯的冲击，更有饮食文化的直接冲撞。

这一大堆的"不同"，对别人可能都是麻烦，于是选择逃避，以为假以时日，自己习惯的那一套终究会胜出。殊不知得人心者方得天下，等到他们觉醒的时候，已经错失良机。

而对我而言，这些"冲击"都是重新出发、开创思考的天赐良机，我可以有机会把一辈子所思所学和别人的想法建议做最好的有机结合，从而打造出一套前所未有的新型管理模式。

所以我在《正路》一书里，一再强调"整合"才是现代企业最重要的领导能力。

任何企业在快速多变的现代社会当中都不能再抱残守缺，更不能只靠吃老本，抱有躲在大树下好乘凉的心态，而是必须不停地引入拥有新的思考、新的能力和不断改变、不断创新的团队，而且必须有一个善于整合的领导人，带着大家不停地消化、吸收新知识，并转变为新的战略和新的战斗力。

这时候，谁能做这个"Space King"，谁就能带着团队，走得更远，走得更好。

21

我还能做些什么

永远保持年轻的心态

我非常幸运能遇到肯德基、必胜客这样的品牌。

我当年加入肯德基，担任亚太区的市场总监，从而有机会在不同国家遇到有大智慧的人。其中有一位是负责韩国肯德基的斗山集团的张先生，他年纪比我大一些，虽是前辈，但心态非常年轻。他有一次告诉我，他永远不会认为自己年纪大了，因为他的工作伙伴和服务的对象永远都是年轻人。这句话让我深有感受。我自己主掌百胜中国以来，也深有体会。做肯德基这样的品牌，会让你永远年轻。我们每天想的都是如何让我们的消费者喜爱我们的品牌，而年轻的消费者永远是我们品牌最重要的消费群体。为了达成这个目标，我们的员工，尤其是第一线的员工，首先就必须年轻，或者拥有年轻的心态。无论年轻人流行什么，想的是什么，我们都必须跟得上他们的潮流。

我退休已经近十年，但我始终保持着观察年轻族群的习惯。我关注了各种年轻博主的公众号和对行业观察的订阅号。虽然我可能没法告诉你最近肯德基、必胜客在做什么促销，但年轻人的脑袋里大概怎么想的，我还是知道的。

我们这一代人，本来就有着相对年轻的灵魂。每个人都觉得自己还是个30多岁的年轻人，只是活在了一个六七十岁的身体当中。

我希望自己能永远保持这种年轻的心态，永远喜欢年轻人喜欢的事物，品尝美酒美食，还有看脱口秀和四处旅游。

人生活到老，学到老，我希望永远有求知的欲望，继续我对人生的探索。我希望我的填字游戏的解题技巧越来越高，能迅速破解《纽约时报》每周一到周三的题目，甚至偶尔还能把周四、周五的谜题也破解了。我希望自己能破解所有数独难题，哪怕是那种地狱级的烧脑题，也难不倒我。

总之，我希望始终保持初心，快快乐乐地在这世界上活着，认识大自然，学习大自然，终我一生。

健康活到最后一天

我自小和大多数人一样，没有什么运动习惯。幸好饮食习惯尚可，也没什么疾病。到现在72岁了，身体还算健康。年初大病，是服药不慎，好在有现代医学的守护，现在养了一副新的肝脏，又是一尾活龙。

我娶了一位贤妻，人美貌聪明不说，还是健康生活专家，非常懂得如何照顾自己。我虽然冥顽不灵，但还是从她那里学了几招，受益匪浅。

我36岁时为了陪她去海边度假，勉强学会了游泳。小时候有人给我算命，要我躲水远一点。但后来我发现在游泳池里，以我的个子是不太可能淹死的，就克服了恐惧去学，还因此发现了游泳的好处。

我这人向来讲究以最小的代价换取最大的回报，游泳就是这样。不用花太多时间和太多力气，没有运动伤害的风险，却能很好地锻炼心肺功能，强化肌肉，对身体好处极大。而且不管到世界什么地方，好的酒店一定有泳池，只要记得带上简单的泳具，就可以去游，非常方便。

我52岁开始学打高尔夫。虽说晚了一点，但现在算算也已有20年的球龄。我虽然年轻的时候不喜欢运动，更没有什么运动天分，但是简单的眼手协调和身体平衡还可以。高尔夫考验的不只是身体体能，更是心理素质。一号木挥杆300码，也是一杆；果岭上错失一寸，也是一杆。长杆如果还可以，果岭边短杆一切一推，一样可以保帕（Par）。对我这种喜欢思考、喜欢挑战的人来说，高尔夫太有魅力了。我曾经寄望于成为单差点的选手，也曾短暂地拿过9.8的差点，最好的成绩也有过七字头的纪录，但到底年纪到了，想再进步有点不可能了。但我如果保持运动健身的习惯，应该还能好好地多打几年球。我的目标是80岁时还能下场打球，而且能完成所有高球手的最高境界——打出比自己年龄低的成绩。90岁有些奢望，但85岁完全有可能。

我从老婆大人那儿学到的还有一样救命技能，就是普拉提，这是全世界最科学、最精准的运动。我从开始练到现在也已经近20年了，对我的健康体态都有很大的帮助。我们一般上健身房，练的都是大肌肉，只有普拉提教你怎么找到身上所有的肌肉，而且都能练起来。以最有效的方法，把身体姿势体态都调到最合适的状态，而且通过训练，如平板、深蹲、Reformer床（普拉提核心床），精准练到每块肌肉，尤其是核心和腿部肌肉，从而保护自己不易受伤。

我给自己订下的目标和对老婆的承诺，就是让自己的身体状况至少要比她的同龄人（她比我小九岁）好，我到现在基本达标。

总之，我希望我能陪着老婆，健康快乐地生活每一天。等哪天真的器官衰竭，再好的医学也挡不住了，我相信以医学的进步、社会观念的开明和法律的人性化，都会容许我们双手相握，快乐满足地结束自己的生命旅程。

把"正路学"传承下去

我这一生何其有幸，赶上了这么多的事情，经历了这么多的惊涛骇浪。我从中国台湾到美国，回来后再去美国，之后又去了欧洲，再回到亚洲发展，赶上了中国改革开放下的经济快速发展。我接受中式教育学习工程，又进了美国大学研究所学习了西方先进的管理经验。后来又在德国接受严苛的P&G洗礼。最后在中国与世界上最强的西式快餐企业同台竞技。中国市场巨大，容许也要求必须有最强的创新。在这个发展过程当中，又必须接受不完美的现实，和各种困难、挑战，桩桩件件都在考验个人与团队的智慧与能力。

在这样一个充满机遇和挑战的市场环境中，我们百胜中国团队能够凭借着共同的信念与合作，不断领悟，并且互相提携，共同成长，走出了一条康庄大道，成就了堪慰江东父老的阶段性成果。

我于2022年出版《正路》一书后，得到很多正面反馈。大家觉得我的这套思路，很适合当下的中国市场。既清楚指出了盲

2022 年 1 月,《正路:我在百胜餐饮 26 年的感悟》正式出版

目学习西方管理的缺失,又能在中国智慧中找出对症下药的解决方法。

我非常希望有更多的同道中人,能够加入"正路"的探索中来,分享自己的经验与心得。

在百胜公共事务部工作多年的徐慧,在我的鼓励下,创作了她在公共关系领域的工作心得——《人心为上做公关》。我的这本书里讲了我对公关工作的思考和应该走的"道",而她的书就是帮助有兴趣了解如何在实际工作中落实这些"道"的更多人可以参考学习的"术"。这本书已由机械工业出版社出版,各个购书平台都可以买到。

我的最佳工作伙伴，帮我负责 HR 多年的罗淑莹，在我和徐慧的鼓励帮助下，最近也把她关于培育有领导力的个人与团队的多年心得写成了《返璞归真领导力：40 年实战淬炼》。Christabel 对培训人才特别有热情，也有丰富的实战经验。她从百胜退休以后，成立了自己的培训机构，帮助一些值得帮助的企业追求卓越。她的书也反映了我和她多年工作的共同理念，很高兴这本书也将由东方出版中心出版。

我希望不管是不是百胜队友，都能将自己行走"正路"的经验写下来，无论以书的形式，还是其他各种方式，与同行、朋友分享讨论，更希望通过这样的"正路思考"，将"正路"理念传承下去，帮助到更多的人。

见到百胜的蓬勃发展

中国经济总量虽然已经达到世界第二，但人均 GDP 还只是中等水平，成长空间还十分巨大。而百胜中国及旗下品牌也还有很长的路要走。

我在百胜工作多年，一直强调重视团队自己能积累 Know-how，知道如何挑战自己，克服困难，并不断创新。我 2015 年退休的时候，告诉他们天下筵席终有曲终人散的时候，团队成员必须自己承担责任,不能也不该总是仰仗于我,而他们也不出我所料,非常自主地把担子承接过去,而且做得有声有色,我非常引以为傲。

百胜员工向来都十分忠诚,非常稳定,这也是百胜成功非常重要的因素。百胜倡导的文化是关爱成员,互相提携,让所有人能合众人之力共同前行。

我写这本书的原因之一,就是希望通过这本书,让过往没有机会同我近距离接触的年轻一代的百胜人和后来加入的新百胜人,能有机会重温或认识百胜中国赖以成功的"正路"体系,包括如何思考、为什么要这样开会和如此决策等。这样他们才不会"不识庐山真面目,只缘身在此山中"。

我当然更希望他们能青出于蓝而胜于蓝,登得更高走得更远。我这几年有机会参加百胜的一些活动,也见到了现在负责百胜的一些高管。他们当中很多人都是90年代初加入百胜的第一代员工。每次他们过来跟我打招呼,告诉我他们是哪一年在哪个市场加入的,都会让我欣喜异常,回忆翻涌。但更让我高兴的,是他们的耳边细语:"Sam,您放心,百胜有我们。"

我何其有幸,闻道在先,有机会能做他们的一日之师,现在看到他们蓬勃有成,已经是独当一面的大将,并听到他们这么说,觉得这一生的努力全都值了。

我这辈子没有卖过百胜中国的一张股票,百胜是我财富的最大来源。我永远也不会卖百胜中国的股票,会永远是百胜最忠实的股东与顾客。

尝试编剧和电影制作

我非常喜欢电影这门艺术。我虽然从来没上过任何专业课程或接受过任何专业训练,但我从小就喜欢看电影。我非常佩服那些了不起的电影人,能够拍出那么多好的电影。

一部好的电影,不单要演员演技好,更要剧本好、导演好、摄像好、灯光好、音乐好。什么都好,才能拍出一部让人拍案叫绝的作品。我自小就喜欢看电影,尤其是那些脍炙人口的大片。随着年龄的增长,经验的累积,就越来越知道什么是真正的不朽佳作,什么是纯赚钱的商业片。

我在百胜的工作可以无限接近广告创作,我当然不会错过这样的机会。一部广告片其实就是一部短的剧情片。虽然只有短短的十几秒或几十秒,但需要的功力与元素其实是一样的,甚至每一秒的成本更高,对品质的要求也更高。我非常享受广告创作的过程。想出一个好的故事,把它写成剧本,再找人把它表演出来,加上各种声光效果,让观众享受之余,还能留下点东西。这让创作的人很有成就感。

我退休之前规划未来，曾一度想开一家广告公司，专门帮品牌创作并拍摄广告，会多么乐趣无穷。但一旦想到以我的个性，绝不会善待甲方的胡思乱想，像我这样的乙方，又有哪家敢用？

我因此想到了自己做甲方，自己出资，找人一起拍部大片。我从2018年开始动手，第一部作品《幻术》，我自己担纲编剧和制片人。电影内容完全参照真实事件，并大胆设想，逻辑清楚，有理有据。2019年，该电影在中国台湾上映。2022年我将其发布在YouTube上供网友免费观赏，到现在也有近百万人次观看了，豆瓣评分也还可以。大家如果有兴趣，可上网搜索找来观看。我有信心你会喜欢，大家也可以通过这部电影对台湾地区的政治历史有更深入的了解。

我一直认为华人电影在国际上的影响力还可以更大。韩国人现在走到了前面，拍了很多好电影，如《寄生虫》(*Parasite*)。特别是根据政治历史事件改编的《首尔之春》《南山的部长们》等电影在国际上获得好评，甚至拿到大奖。

我有了上次拍摄的经验，已经组了一个非常好的主创团队，因此已经在筹备下一个作品。这一次我会吸取经验教训，采纳好的意见与专业协助，希望拍出更好的作品。

国内这几年的电影水平越来越高，编剧、导演、演员的水平都已经跻身国际一流。制作方面也能快速引进世界领先技术，拍出了不输好莱坞的大片。而反观现在的好莱坞，却只能依靠现有IP，用同一块肥皂洗泡泡，已经少见真正有创意、有新鲜感的作品了。

我相信华人电影在国际市场上一定会有更大的影响力。我虽然能力有限，但也想贡献一己绵薄之力。

目睹中华文明璀璨发光，世界大同

中华文明是世界上最伟大的文明之一。我们祖先的古老智慧加上这一代人的努力学习，加上汲取了西方文明的精髓，以及世代子孙的不懈努力，中华文明终将发扬光大。

世界也确实需要一个新的世界秩序。美国是世界上最发达的国家，但现在的美国已误入歧途，而且两党政争不断，意识形态驾凌于理性之上，社会撕裂，互信不再。

我相信以中国人的智慧，一定会小心谨慎地处理与美国的竞争，不至于陷于对方设下的陷阱；保持战略定力，专心于自身建设，同时处理好与世界各国的关系，逐步让世界人民认识真正的中国，喜欢上中国，并且愿意与中国合作，共同在世界上构建一个真正合理、互相扶持合作的体系与运作机制。

道路虽远，但旅程已经开始。我相信有一天，世界大同终将实现，到那时候，强权将不能为所欲为，人类可以终止杀戮，世界和平。

我相信到那个时候，没有人能在中国大陆与台湾之间挑拨是非，唯恐不乱。台湾地区人民也能清楚认识到中国崛起的本质，不单是中华民族的伟大复兴，更是人类文明的进步。到那个时候，所有华人都会以身为龙之传人为荣，没有什么问题不能解决。

有中国人在，我们也不必再担心气候变化、人口衰老、AI是否毁灭人类等威胁。只要世界清醒，万众一心，所有困难都有解决办法。

我非常有信心，不必太久，在我有生之年，应该可以看得到这一天。

天下"正路"最后离不开——

$$成功 = \sum_{n=1}^{N}（决策质量）_n$$

只要我们小心谨慎，积累 Know-how，又快又高质量地做好每一个决策，我们就有最大的概率获得成功。

个人如此，企业如此，国家亦如此。

2024 年秋末写于上海

结束语

花了四个月的时间,这本书终于写完了。虽然不敢说使尽了洪荒之力,但也的确呕心沥血。

我这个人其实很少回忆过去,什么事情过了就过了,平时几乎不拍照片,拍了也多半是给别人拍,拍完了就随手一放,不会再拿出来看。因为没有翻旧照片的习惯,再加上本身记忆力也不好,脑子里那点"内存"早就用完了。我之前不想写回忆录,这也是一个重要因素。我连自己干过的事都记得不完整,那记忆中别人做过的事情,不就更不靠谱?

我自带内存不够,好在有外接硬盘。徐慧在百胜与我近距离一起工作了12年。最近这几年又做我的助手帮忙打理外部事务。她有非常好的工作纪律和认真记录、保管资料的良好习惯。她虽然离开百胜也有一些年头了,但与百胜的老队员们还保持联系,有需要的时候也能一呼百诺,共襄盛举。有她帮我收集整理资料，编辑校对书稿，真是如虎添翼。本来这是一个非常伤脑的工作，现在变成了一趟快乐的回顾之旅。

与我当年一起创业的兄弟姐妹们离开百胜都有些时日了。我这个人一向不善交往，再亲密的朋友也往往疏于问候。若不是别人主动邀约，往往就慢慢失联了。好在这次有徐慧的穿针引线，加上张朝阳的居中协助，居然把过去的老战友们又几乎找齐了，大家一起拼凑起对过往的回忆。再加上李之美（Stephanie Li）、蒋勤（Judy Jiang）帮忙补充资料，还要特别感谢张冬萍女士、尤莼洁女士大力协助寻找提供相关资料，才能把百胜中国初期创业那段核心时光，在书中描绘出一个像样的模样。

想当年我们团队的这群人，因为我对中国市场的憧憬与热爱，初生牛犊不畏虎，有点不顾现实地带头乱闯，他们居然愿意放下安居乐业的生活，跟我一起闯荡内地，来打一场没人保证结果的硬仗。好在上天不负有心人，我们还真打赢了。否则我该如何面对他们？

2022年出版《正路》的时候，由于专心讲自己的"道"，没有花费笔墨讲当年走过的路。与我一起创业的这些英雄们的光辉事迹，我在书里几乎没有提及，仿佛百胜的天下都是我一个人打下来的，这当然不可能。我当初加入百胜的时候对这个行业什么都不懂，如果不是这帮兄弟姐妹，可能我怎么"战死沙场"都不知道。这次动笔终于有机会讲讲当年他们义薄云天为我两肋插刀的事迹。诸多好汉、侠女，个个都有精彩的故事，但可惜我没有施耐庵的笔力，更没有足够的能力与记忆把所有的往事都交代好。我只能尽能力所及，如果挂一漏万，希望大家不要见怪，更希望他们有机会也都能把自己的经历写出来，留交后世。

当然，整个百胜中国的打造绝不只是依靠这批我从中国台湾、香港和新加坡、马来西亚、文莱、美国等地找来的人才，更多还是本地员工。我1989年才加入百胜，并不是第一批人员。当年中国肯德基首店北京前门店的老员工，如赵莉和锡梓英，都是1987年开始就把自己的青春献给了肯德基，她们后来也都成长为百胜的骨干管理人员。还有现在百胜的主要领导团队人员，如汪涛、包莹瑞、郑颖燕等人，也都是为肯德基立下了汗马功劳的功臣。他们都是吃着肯德基的奶水长大，然后又是接棒管理肯德基的一代。如今偶然碰到他们，他们都会很贴心地给我一个爱的拥抱，叫我一切放心，百胜有他们在，还会续写辉煌。人生如此，足以欣慰。

还有各个功能部门的功臣干将们，他们虽然不是营运出身，但都能众志成城，互相帮助和支持，联手打造出百胜全套Know-how。我创立并每年颁发的"金龙奖"，就是认同所有对百胜中国有长期重大贡献的人，这其中还包括百胜国际、合资公司伙伴、供应商，以及其他重要的合作伙伴。整个百胜中国的成功，自始至终都是参与到它成长过程中的所有人的共同成就。书末附有金龙奖完整得奖者名单，在此向他们送上我的感谢。

这次《正路2》创作，我本来并不打算写回忆录，而希望整理出自己励行"道"的一些"术"，因此找了之前采访过我的尹晓琳，以访谈的方式记录我的回忆。但是写着写着，就发现太多的经历还是必须以第一人称才能好好叙说。因此才激发我埋头创作，亲笔完成了这十几万字的回忆录。至于晓琳的观察和记录，待她整理创作后，将以另外一种形式与大家见面。

最后要特别感谢中国出版集团东方出版中心副总编辑刘佩英女士和编辑徐建梅。自从《正路》出版后，刘总就一直鼓励我继续创作，也提出了很多很好的建议。她也希望与我们一起努力，出版"正路"系列作品，让所有坚持"正路"理念的同道人，都能分享自己行走"正路"的经验与思考，然后传播惠及更多认同我们"正路"理念的企业、组织和有缘人。

道之所在，虽千万人吾往矣。

百胜中国初代英雄榜（部分）

唐杰予　　来自中国上海，1989 年任上海肯德基中方董事，1993 年从中方退休后加入中国肯德基，负责品牌发展和政府事务。2004 年退休，时任百胜中国总裁特别助理。

施逢年　　来自中国台湾，1990 年 5 月出任北京肯德基总经理。1999 年退休。

唐惠良　　来自中国台湾，1991 年加入，1992 年 6 月出任南京肯德基总经理。2005 年退休转为加盟商，时任百胜中国总裁特别助理。

韩骥麟　　来自中国台湾，1991 年 5 月加入，同年 12 月出任上海肯德基总经理。2014 年退休，时任百胜中国肯德基品牌总经理。

赵吉裕　　来自中国台湾，1991 年 11 月出任杭州肯德基总经理。2000 年 8 月离职，时任肯德基华东区域总经理兼上海肯德基总经理。

张朝阳	来自中国台湾，1992 年出任苏州肯德基总经理。2016 年退休，时任百胜中国营运优化部副总裁。
谢安宜	来自中国台湾，1992 年 12 月加入，筹备成立上海总部。2005 年离职，时任百胜中国营运培训总监。
陆穗雯	来自中国台湾，1993 年 2 月加入，负责中国肯德基企划和采购。同年 3 年，暂代北京肯德基总经理。2016 年底退休，时任百胜中国首席企划官。
吴锦炎	来自新加坡，1993 年 4 月出任青岛肯德基营运经理。2020 年退休，时任百胜中国加盟部资深总监。
项仁匡	来自中国台湾，1993 年 5 月加入，7 月出任北京肯德基总经理。2003 年 7 月离职，时任百胜中国营运优化部专案经理。
王国俊	来自中国台湾，1993 年 11 月加入，1994 年 5 月，出任天津肯德基总经理。2010 年退休转为加盟商，时任百胜中国必胜客营运总监。
崔焕铭	来自中国台湾，1993 年 11 月出任无锡肯德基总经理。2015 年退休转为加盟商，时任百胜中国广东肯德基总经理。

百胜中国初代英雄榜（部分）

王　齐　　　来自中国台湾，1993 年出任青岛肯德基总经理。2012 年退休，时任东方既白品牌总经理。

朱宗毅　　来自中国台湾，1994 年出任南京肯德基营运经理。2016 年退休，时任百胜中国总裁。

朱国华　　来自马来西亚，1994 年 1 月出任福州肯德基总经理。2008 年退休，时任百胜中国对外合作事务暨新项目发展总监。2011 年成为加盟商。

区永昌　　来自新加坡，1994 年 4 月出任福州肯德基营运经理。2018 年退休，时任百胜中国采购供应链部副总裁。

黎金福　　来自中国台湾，1994 年 4 月出任沈阳肯德基营运经理。2012 年退休转为加盟商，时任百胜中国开发部副总裁。

顾浩钟　　来自中国香港，1994 年 6 月出任中国肯德基南区总经理。2010 年 6 月退休，时任百胜中国企划共享服务部高级副总裁。

萧士杰　　来自中国台湾，1994 年 6 月出任北京肯德基营运经理。2019 年 10 月退休，时任百胜中国必胜客营运副总裁。

杨大勇 　　来自中国台湾，1994 年 9 月出任天津肯德基营运经理。2011 年退休转为加盟商，时任百胜中国物流营运总监。

陈浩权 　　来自新加坡，1994 年 10 月出任青岛肯德基营运经理。2007 年退休转为加盟商，时任百胜中国成都肯德基总经理。

卢　怡 　　来自中国香港，1994 年 11 月出任深圳肯德基营运经理。2018 年 6 月退休，时任百胜中国必胜宅急送区域营运总监。

田立民 　　来自中国台湾，1994 年 12 月出任中国肯德基采购与物流总监。2010 年离职，时任百胜中国物流总监。

陈光全 　　来自新加坡，1994 年出任杭州肯德基营运经理。2024 年退休，时任百胜中国肯德基品牌副总经理。

黄德民 　　来自中国台湾，1995 年 3 月出任中国肯德基技术总监。2013 年退休，时任百胜中国产品研发部副总裁。

祝　瑜 　　来自中国台湾，1995 年 5 月出任中国肯德基营运部总监。2010 年退休，时任百胜中国东方既白营运总监。

陈文山 来自中国台湾，1995 年 6 月出任上海必胜客营运经理。2019 年退休，时任百胜中国必胜客营运副总裁。

韩定国 来自中国台湾，1996 年 8 月出任中国肯德基副总裁兼首席运营官。2007 年退休，时任百胜中国台湾肯德基总经理。

谢慧云 来自中国香港，1996 年 8 月出任中国肯德基财务总监。2012 年 9 月退休，时任百胜中国首席财务官。

李传章 来自中国台湾，1997 年 4 月出任上海总部营运优化部顾问。2014 年退休，时任百胜中国营运优化部总监。

罗维仁 来自中国台湾，1997 年 5 月出任上海必胜客总经理。2008 年退休，时任百胜中国必胜客、必胜宅急送、塔可钟品牌总经理。

罗淑莹 来自中国香港，1997 年 11 月出任百胜中国培训及发展总监。2018 年 2 月退休，时任百胜中国首席人力资源官。

高　耀 来自中国台湾，1999 年加入，2000 年出任华东必胜客总经理。2018 年底退休，时任百胜中国必胜客品牌总经理。

百胜中国金龙奖获奖者

（1997—2015）

年　份	姓　名	部　门
1997/10	唐杰予	上海总部开发＆政府事务
1997/10	陆穗雯	上海总部企划部
1997/10	唐惠良	北京市场
1997/10	韩骥麟	上海总部开发部
1997/10	施逢年	上海总部开发部
1997/10	Y.K. Pang	香港必胜客
1997/10	吕九龙	上海肯德基中方
1997/11	Pete Bassi	肯德基国际
1997/11	Art Rautio	肯德基国际
1997/11	Ricky Wong	肯德基国际
1997/11	Pat Murtha	肯德基国际
1998/2	谢安宜	上海总部培训部
1998/2	祝瑜	上海总部
1998/2	黄德民	上海总部产品研发部
1998/2	赵吉裕	上海市场
1998/2	朱宗毅	南京市场
1998/2	田立民	上海总部物流部

续表

年 份	姓 名	部 门
1998/6	David Barnes	肯德基国际
1998/6	Stephen McCarthy	台湾必胜客
1998/9	张朝阳	台湾肯德基
1998/9	顾浩钟	上海总部
1998/9	何志中	肯德基国际
1998/9	陈仰淙	上海总部财务部
1998/9	艾云峰	南京市场
1999/2	G.V. Rao	肯德基国际
1999/2	王国俊	北京市场
1999/9	杨正平	上海总部营建部
1999/9	王双富	上海总部营运部
1999/9	唐肇敏	上海总部营建部
1999/9	项仁匡	北京市场
2000/2	Jon Prinsell	必胜客国际
2000/2	Dave Deno	肯德基国际
2000/6	卞寅丞	上海总部人力资源部
2000/6	苏礼俭	上海总部 IT 部
2000/6	韩定国	上海总部总裁办公室
2000/6	刘国栋	上海总部总裁办公室
2000/6	马锦忠	上海总部财务部
2000/9	吴锦炎	广东市场
2000/9	崔焕铭	南京市场
2000/9	陈光全	天津市场

续 表

年 份	姓 名	部 门
2000/11	David Novak	百胜国际
2000/11	Arthur Ho	香港肯德基
2001/1	区永昌	福州市场
2001/1	刘建明	北京市场
2001/1	黎金福	杭州市场
2001/1	朱国华	深圳市场
2001/1	伍小翠	上海总部法务部
2001/1	Andy Pearson	百胜国际
2001/1	George Ting	马来西亚肯德基
2001/10	Rick Carucci	百胜国际
2001/10	David Fitzjohn	百胜国际
2001/12	谢慧云	上海总部财务部
2001/12	陈浩权	成都市场
2001/12	杨大勇	武汉市场
2001/12	萧士杰	青岛市场
2001/12	卢怡	上海总部品牌营运部
2002/2	孙平	上海肯德基中方
2002/2	刘红杏	上海总部采购部
2002/6	Shin Okawara	日本肯德基
2002/6	方芳	上海总部开发部
2002/10	李旭东	上海总部财务部
2002/10	王汇玲	上海总部人力资源部
2002/10	方小东	上海总部产品研发部

续 表

年 份	姓 名	部 门
2002/10	徐标	上海总部财务部
2002/12	罗淑莹	上海总部人力资源部
2002/12	罗维仁	上海总部必胜客品牌团队
2002/12	Maiyo Hood	上海总部采购部
2002/12	陈文山	必胜客北京市场
2002/12	赵莉	北京市场
2003/2	Patrick Cho	上海总部物流部
2003/2	徐真	上海总部公共事务部
2003/6	施维臻	上海必胜客
2003/6	王金友	供应商
2003/6	陈福狮	供应商
2003/10	陈美瑜	上海总部企划部
2003/10	楚连胜	上海总部品质管理部
2004/1	王齐	上海市场
2004/1	李传章	武汉市场
2004/1	Joaquin Pelaez	百胜国际
2004/2	Paul Hill	上海总部财务部
2004/2	Dan Adams	百胜国际
2004/2	刘勇	上海总部开发部
2004/6	Richard Tangye	香港必胜客
2004/6	Scott Bergren	百胜国际
2004/6	Ray Colon	百胜国际

续 表

年 份	姓 名	部 门
2004/6	王丹梅	上海总部人力资源部
2004/6	陈玫瑞	上海总部采购部
2004/10	张祖杰	上海总部品牌营运部
2004/10	胡慧菁	上海总部人力资源部
2004/1	戴宁	杭州肯德基中方
2004/1	杨家声	北京肯德基中方
2004/1	游艺成	苏州肯德基中方
2004/1	姜宗泽	苏州肯德基中方
2004/1	刘茂坤	无锡肯德基中方
2005/1	Bob Myers	物流部顾问
2005/3	Wong Sooi Kheong	马来西亚肯德基
2005/2	朱俊	上海总部人力资源部
2005/2	李克澎	上海总部财务部
2005/3	Jim Elgass	百胜国际
2005/3	Eva Myers	百胜国际
2005/4	Daniel Saia	供应商
2005/4	Marcus Burr	百胜国际
2005/4	Greg Moore	百胜国际
2005/5	Mark Han	供应商
2005/5	李福官	供应商
2005/6	Newman Chan	上海总部产品研发部
2005/6	赵琳扬	上海总部企划部
2005/6	陈青	上海总部采购部

续表

年份	姓名	部门
2005/12	Pimpar Kamolsiri	百胜泰国
2005/12	Anthony Leong	百胜国际
2005/12	锡梓英	青岛市场
2006/2	Henry Mak	上海总部人力资源部
2006/2	卓文洁	上海总部共享服务部
2006/2	裴志华	上海总部人力资源部
2006/3	Panithan Sethabutra	百胜泰国
2006/10	Bill Lum	上海总部IT部
2006/8	卢坤儿	上海总部企划部
2006/8	周霞	上海总部产品研发部
2006/10	王群	上海总部公共事务部
2006/11	高耀	必胜客华南市场
2006/11	包莹瑞	深圳市场
2006/11	Sran Smuthkochorn	百胜泰国
2007/1	吴美君	台湾肯德基
2007/3	杨慧敏	上海总部开发部
2007/3	王霏	上海总部营运优化部
2007/3	Eilu Low	供应商
2007/4	CHU, Wah-Hui	供应商
2007/5	Thomas Boedinger	供应商
2007/5	韩家寰	供应商
2007/8/8	赵燕林	北区兼北京市场物流部

续 表

年份	姓 名	部 门
2007/8/8	沈宇弘	北京市场品质管理部
2007/8/8	贾勇	上海总部品质管理部
2007/8/8	尚升	上海总部财务部
2007/8/8	周奇福	上海总部物流部
2007/10	张雷	上海总部IT部
2007/10	丰雷	上海总部采购部
2007/10	蒋敏	上海总部物流部
2007/11	初德政	青岛市场
2007/11	陈勤	苏州市场
2008/1	徐况	上海总部营建部
2008/1	王堃	上海总部开发部
2008/1	钱明	上海总部营建部
2008/2	吴建利	上海总部企划部
2008/2	杨谨	上海总部财务部
2008/2	Kevin Zeng	上海总部营运优化部
2008/7	虞国伟	上海总部开发部
2008/7	黄海	上海总部品质管理部
2008/7	李旭	上海总部公共事务部
2008/10	陈东辉	上海总部营建部
2008/10	胡逢春	上海总部采购部
2008/12	范军	上海市场
2008/12	王越	沈阳市场
2008/12	邵桂华	黑龙江市场

续表

年 份	姓 名	部 门
2009/3	蒋勤	必胜客华北市场
2009/3	解军	必胜客沈阳市场
2009/3	俞峥青	成都市场
2009/3	朱兵兵	武汉市场
2009/3	余鹏	福州市场
2009/3	唐达摩	上海总部加盟部
2009/8	Emil Monda	百胜国际
2009/10	杨翔	上海总部开发部
2009/10	袁根兰	上海总部开发部
2009/12	赵文欣	深圳市场
2010/1	玛嘉烈	澳门葡式蛋挞发明人
2010/10	陈子仁	上海总部人力资源部
2010/10	童迈霖	上海总部财务部
2010/10	罗宝拉	上海总部财务部
2010/10	简娜薇	上海总部工程部
2010/10	郭秀玲	上海总部采购部
2010/10	张江涛	上海总部营建部
2010/10	胡晏莹	上海总部工程部
2011/2	张理	上海总部开发部
2011/2	张蓓	上海总部营运优化部
2011/2	吴幸宜	上海总部共享服务部
2011/4	傅光明	供应商
2011/10	陈元元	上海总部采购供应链部

续 表

年 份	姓 名	部 门
2011/10	张霞	上海总部开发部
2011/10	王宏宇	上海总部人力资源部
2011/10	陈健	上海总部企划部
2011/10	王建昌	蛋挞厂
2011/12	顾捷	南京市场
2012/2	黄再德	上海总部企划部
2012/2	邵筱薇	上海总部公共事务部
2012/2	许健	上海总部物流部
2012/10	薛恩远	上海总部财务部
2012/10	黄秋香	上海总部人力资源部
2012/10	张凤国	上海总部开发部
2012/12	杨敏	西安市场
2012/12	郑颖燕	福州市场
2012/12	钱肖红	北京肯德基中方
2012/12	张同柱	苏州肯德基中方
2013/2	薛润梅	上海总部财务部
2013/2	魏文君	上海总部财务部
2013/2	潘圣婴	上海总部企划部
2013/2	钟芳华	上海总部企划部
2013/3	陆卫达	供应商
2013/3	安晓源	供应商
2013/10	李磊	上海总部 IT 部
2013/10	徐慧	上海总部公共事务部

续表

年份	姓名	部门
2013/10	李维祺	上海总部法务部
2014/2	徐晓屹	上海总部营建部
2014/2	周伟明	上海总部产品研发部
2014/11	黄多多	南京市场
2014/11	马涛	必胜客西北市场
2014/10	陈建平	上海总部采购部
2014/10	吴筱盈	上海总部采购部
2014/10	金之强	上海总部采购部
2014/10	王臻佳	上海总部财务部
2014/10	沈杰	上海总部营建部
2015/4	蒋宝禄	供应商
2015/4	穆彦魁	供应商